말이 곧 당신입니다.
말 때문에 힘들고,
말 때문에 상처받는 모든 분들께
이 책을 바칩니다.

커버스토리

말은 잘 못하면 녹아버린 아이스크림처럼 주워 담을 수 없다. 하고 싶었던 말을 못해도 마찬가지 이다. 오늘도 내가 쏟아낸 말 중 아이스크림처럼 녹아버린 말들이 얼마나 될까? 후회가 남지 않 도록 말 한마디를 하더라도 예쁘게, 제대로 해보면 어떨까?

개정
증보판

말로 먹고 사는
두 여자가 공개하는
진짜 말 잘하는 법

내 말은 그런 뜻이 아닌데

강연희 · 이명신 지음

내 말은 그런 뜻이 아닌데 개정증보판
ⓒ강연희·이명신 2023

초판 1쇄 발행 : 2019년 11월 25일
초판 2쇄 발행 : 2021년 1월 18일
개정증보판 1쇄 : 2023년 6월 7일

지 은 이 : 강연희·이명신
펴 낸 이 : 유혜규

디 자 인 : 김연옥
일러스트 : 정유진

펴낸곳 : 지와수
주소 : 서울 서초구 잠원동 35-29 대광빌딩 302호
전화 : 02-584-8489 팩스 : 0505-115-8489
전자우편 : nasanaha@naver.com
출판등록 : 2002-383호
지와수 블로그 : http://jiandsoobook.co.kr

ISBN : 978-89-97947-41-6 13320

* 책 값은 뒤표지에 있습니다.
* 잘못된 책은 바꿔드립니다.
* 이 책의 전부 또는 일부 내용을 재사용하려면 반드시 사전에
  저작권자와 지와수 양측의 서면 동의를 받아야 합니다.

내 말은—— 그런 뜻이 아닌데

개정증보판을 내며

위로가 필요한 시대, 어떻게 위로해야 할까?

    1989년 방송에 입문하고 방송생활 30년을 코앞에 두고 있을 무렵 말에 대한 책을 써보지 않겠냐는 제안을 듣고 말과 다른 글을 쓴다는 것에 자신이 없어 여러 날을 고민했었습니다. 그러면서도 말로 먹고 살았던 30년을 정리도 해보고 싶은 욕심에 겁 없이 〈내 말은 그런 뜻이 아닌데〉라는 인생의 첫 책을 출간했습니다.

    여러 가지로 부족한 책임에도 '남편과 늘 말 때문에 다퉜는데 자신의 말투도 문제가 있음을 알게 되었다'는 독자의 얘기를 듣고 책을 낸 보람을 느꼈고, 개정증보판을 내는 힘을 얻게 되었습니다.

    개정증보판에는 '위로'를 추가했어요. 지금의 우리에겐 위로가 필요합니다. 너 나 할 것 없이 힘들고, 크고 작은 슬픈 일들이 수시로 일어나기도 하죠. 어떻게든 위로가 되어주고 싶은데 어떻게 위로해야 할지 모르는 착한 사람들에게 도움이 되었으면 하는 마음으로 준비했습니다. 부디 도움이 되길 바라며, 위로가 되길 바랍니다.

2023년 6월 강연희

위로를 하는 데도 여전히 표현이 중요하다

〈내 말은 그런 뜻이 아닌데〉가 나온 지 3년 만에 개정증보판이 나오게 됐습니다.

2019년 11월 이 책이 출간되고 많은 분들이 봐주셔서 정말 정말 감사드려요. 저에게는 이 책이 여러 가지로 의미가 있는데요. 제 멘토이자 너무 사랑하는 연희 언니와 함께 쓴 책이라 더 애정이 가는 책이기도 하고요. 이 책을 쓴 덕분에 책을 쓰는 게 재미있고 계속 쓰고 싶다는 마음이 들었기 때문입니다.

〈내 말은 그런 뜻이 아닌데〉 개정증보판에는 위로를 할 때 어떻게 표현해야 진심이 더 잘 전달되는지에 대한 이야기를 더했습니다. 요즘 위로가 필요한 분들이 참 많은데요. 그런 분들에게 위로의 마음을 전하실 때 이 책이 조금이나마 도움이 되면 좋겠습니다.

다시 한번 이 책을 봐주신 독자님들께 진심을 담아 감사의 마음을 전합니다.

2023년 6월 이명신

프롤로그 · 1

더 이상 말 때문에 힘들고 상처받지 않기를

1989년 MBC 전문 MC가 된 후 지금까지 방송을 한 지 만 30년이 되었다. 말로 먹고 산 지 30년이나 되었지만 말이란 하면 할수록 어렵다는 생각이 든다. 직업의 특성상 주변엔 달변가들이 참 많았다. 그들의 말솜씨가 부러워 '어떻게 하면 그들처럼 말을 잘할 수 있을까?' 고민하고 연구하고 노력도 많이 했다. 말을 잘하는 사람들의 말을 많이 들어도 보고, 흉내도 내보고, 책도 다독보다는 정독을 하면서 책 속의 표현을 내 것으로 만드는 훈련도 했었다.

내가 하는 말에 대해 집중하고 더 나은 표현을 하기 위해 노력하면서 다른 사람의 말에도 더욱 예민해져 갔다. 어떤 사람은 참 착한데 말이 장황해 인기가 없고, 또 어떤 사람은 말은 참 재미있게 잘하는데 진실함이 없어 평판이 그리 좋지 않았다. 또 어떤 사람은 정말 달변가인데 자기 말만 늘어놓아 이기적이라는 말을 듣고, 또 어떤 사람은 아주 똑똑한데 단정적이고 강한 표현으로 독선적이라는 평을 들으며 친구가 별로 없었다.

그런 사람들을 보면서 언제부터인가 요즘 아이들이 오버랩되었다. 요즘 아이들은 좋은 대학을 가기 위해 어릴 때부터 이런 저런 학원을 다닌다. 신나게 뛰어다니며 놀기는커녕 친구들과 마음 편히 조잘댈 시간조차 별로 없어 보인다.

비단 아이들만의 문제는 아니다. 어른들도 직접 말하기보다는 대부분 문자나 톡으로 소통한다. 그러다보니 말은 점점 어렵고 서툴러져 사람들과의 관계를 잘 풀지 못해 상처받는 사람들이 점점 많아지고 있다.

똑똑한데 외롭고, 착한데 아픈 사람들, 마음은 사랑받고 싶은데, 말은 밉게 내뱉는 사람들을 볼 때마다 안타까웠다. 특히 아이들이 자기감정을 제대로 표현하지 못해 힘들어하고 아파하는 모습을 보면 다 어른들 책임인 것만 같아 미안했다.

책을 쓰며 깨달은 것이지만 나의 말본새는 엄마를 많이 닮아 있다. 엄마를 통해 말을 배우고, 감정을 가장 많이 나눈 사람이 엄마이기에 그럴 것이다. 결국 아이들이 말 때문에 힘들어하는 것은 부모와 어른들에게서 말을 잘 배우지 못했기 때문이 아닐까 싶다.

그래서 이 책을 쓰기로 결심했다. 이 책을 보고 단 한 사람이라도 말 때문에 받은 상처를 치유하고, 말 한 마디로 다른 사람들과의 관계를 좋게 만들 수 있다면 그것만으로도 족하다.

2021년 1월 강연희

프롤로그 · 2

지금은 '어떻게 말할 것인가'를 고민할 때

초등학교 때부터 서울에서 생활하면서 말투 때문에 오해를 받은 적이 참 많았다. 경상도 특유의 억센 억양 때문에 친구들은 내 성격이 강하거나 자기주장이 세고, 고집을 부리는 아이로 여겼던 것 같다. 그 때의 나는 뭐가 문제인지 전혀 알 수가 없었다. 그저 할 수 있는 건 말을 할 때 좀 더 조심하는 것뿐이었다.

그러다보니 자연스럽게 말에 관심을 갖게 됐다. 이왕이면 같은 말을 하더라도 예쁘게 말하려고 노력하게 됐고, 말을 조심하다 보니 듣는 것을 더 많이 하는 사람이 되었다. 물론 아무리 조심해도 감정에 따라 말이 먼저 나오는 경우가 있다. 말을 하는 도중에 '아차' 싶었던 경험은 비단 나만의 경험은 아닐 것이라 생각한다.

누구나 한 번쯤 툭 뱉은 '말' 때문에 후회하거나 잠들기 전에 '내가 왜 그렇게 말했을까' 자책하며 이불 킥을 한 적이 있을 것이다. 그랬다면 무엇이 문제인지 알고 있다는 것이니 차라리 다행이다. 앞으로 조심하면 되니까. 하지만 상대방이 기분 나빠하고, 뭔가 문제가 생겨서 상황이 잘못 돌아가고 있다는 것은 알겠는데 무엇 때문인지 모른다면 정말 큰 문제다.

　상황이나 관계에서 문제가 생겼다면 대부분 원인은 '말'이다. 상대방이 나에게 기분 나쁘다고 말하지 않아도 갑자기 분위기가 싸해졌다거나 정색한다면 다시 한번 그 상황이나 말을 점검할 필요가 있다.

　이런 경우 어떻게 말할지에 대해 고민하는 것이 중요하다. 내 의도대로 상대방에게 말을 전달할 수 있는 방법을 알고 있다면 상황을 바꿀 수 있기 때문이다.

　말은 곧 나다. 내가 하는 말이 사람들과의 관계를 좋게 만들기도 하고 오해하게 하기도 한다. 그래서 말을 잘하는 법을 배워야 한다.

　말을 잘한다는 것은 말을 많이 하거나 달변가처럼 말을 쉬지 않고 하는 것이 아니다. 내 생각과 감정을 거부감 없이 잘 전달하고, 상대방의 말을 경청하고 존중하는 것이다.

　말 때문에 상처 받고, 고민하는 사람들에게 조금이라도 도움이 되었으면 하는 마음으로 이 책을 썼다. 어찌 보면 특별할 것도 없는 기본적인 방법들이지만 기본만 잘 숙지해도 말 때문에 문제가 생기는 일을 대폭 줄일 수 있다. 이 책을 통해 무심코 내뱉던 나의 말을 돌아보고, 어떻게 말해야 하는지를 고민하고 답을 찾을 수 있었으면 좋겠다.

2021년 1월 이명신

차례 ·

004 **개정증보판을 내며**
006 **프롤로그 1**   더 이상 말 때문에 힘들고 상처받지 않기를
008 **프롤로그 2**   지금은 '어떻게 말할 것인가'를 고민할 때

1

말이 곧
당신이다

016 왠지 기분 좋은 사람, 왠지 피곤한 사람
024 말이 몸을 지배한다
031 영혼 없는 칭찬이라도 좋다
039 최화정의 매력을 완성하는 그녀만의 화법
045 특별했던 대표님? 대표님!
054 자랑을 늘어놓을수록 외로워진다

022 스피치 코칭 01   내가 주로 쓰는 언어를 알아야 진짜 '나'를 알 수 있다
029 스피치 코칭 02   뇌는 진짜와 가짜를 구별하지 못한다
037 스피치 코칭 03   더 확실한 효과를 불러오는 칭찬 화법
052 스피치 코칭 04   전문성을 살리면서 호감을 주는 화법
060 스피치 코칭 05   자랑만 늘어놓는 사람의 진짜 속마음

2 입을 열게 하는 말 vs 입을 닫게 하는 말

- 064 말을 뺏으면, 상대는 마음을 닫는다
- 071 대화에도 밀당이 필요하다
- 080 감탄사의 달인, 허수경
- 088 맞장구와 딴지 사이
- 098 주둥이가 다다
- 104 할아버지와 손주의 거리는 10리
- 112 아끼다 똥 된다.

- 069 스피치 코칭 06   말을 뺏는 사람들의 5가지 유형
- 077 스피치 코칭 07   오픈형 질문 vs 폐쇄형 질문
- 086 스피치 코칭 08   누구나 좋아하는 리액션의 공통 법칙
- 094 스피치 코칭 09   상대방에게 나를 맞추는 페이싱 기법
- 102 스피치 코칭 10   '알아차림'과 '받아들임'이 대화를 살린다
- 110 스피치 코칭 11   마음 상하지 않게 필요한 말을 하는 화법

3 말이 결과를 바꾼다

- 118 좋은 인연과 악연 사이에 질문이 있다
- 125 긍정은 긍정을, 부정은 부정을 끌고 온다
- 133 말이 많으면 중요한 것을 놓치기 쉽다
- 139 말의 어미만 바꿔도 분위기가 달라진다
- 145 나의 꿈을 바꿔 놓은 한마디
- 151 혀 안에 도끼 들었다
- 157 말이 씨가 된다

- 123 스피치 코칭 12   말의 온도를 높이는 '넛지 스피치'
- 131 스피치 코칭 13   호감의 법칙, 말이 반이다
- 137 스피치 코칭 14   잘 듣는 사람이 말도 잘한다
- 149 스피치 코칭 15   기대와 믿음! 표현 방법이 중요하다

4 따뜻한 위로 vs 차가운 위로

- 164 위로와 의도 사이
- 170 괜찮아, 아무것도 아니야
- 175 동병상련은 힘이 세다
- 181 소중한 사람을 잃은 사람에게 해서는 안 될 말
- 189 격려는 잘해도 위로는 서툰 대표님

- 167 스피치 코칭 16 동일한 패턴의 말은 진심을 오해받기 쉽다
- 173 스피치 코칭 17 상대방의 마음을 먼저 읽어주는 것부터 위로는 시작한다
- 179 스피치 코칭 18 곁에 있어주는 것도 훌륭한 위로다
- 183 스피치 코칭 19 조문 시 할 수 있는 말 vs 해서는 안 될 말
- 192 스피치 코칭 20 솔직한 마음을 더하면 위로에 힘이 붙는다

5 보기 좋은 말이 공감을 부른다

- 196 웃으면 말이 예뻐진다
- 202 눈으로 말해요
- 211 가슴을 거쳐 나오는 말은 예쁘다
- 216 때론 말보다 몸짓이 더 강하다
- 225 카톡과 함께 사라진 리액션은 어디에?
- 234 보기 싫은 말은 맛도 없다

- 208 스피치 코칭 21 눈동자가 보내는 신호
- 219 스피치 코칭 22 몸짓으로 알 수 있는 메시지
- 230 스피치 코칭 23 질문과 리액션의 비율은 20대 80이 적당하다
- 240 스피치 코칭 24 겸손의 말과 저평가의 말은 다르다

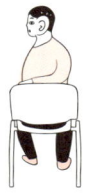

기술을 더하면 말이 더 꽂힌다

244 또렷한 발음과 발성, 타고나는 것이 아니라 만드는 것이다
- 또렷한 목소리를 만들어주는 모음 발음법
- 음절, 단어, 문장 순으로 연습한다
- 웅얼거리는 발음을 교정하는 연습법
- 입 모양만으로 다양한 정보를 얻을 수도 있다

257 목소리 톤(tone)이 말의 이미지를 만든다
- 신뢰감 있는 이미지를 위한 톤 연습법
- 부드럽고 친근함을 위한 톤 연습법
- 안정적인 톤을 만들기 위한 기본 연습법

263 말의 쉼표, 포즈(pause)로 속도를 조절한다
- 포즈를 처음 사용하는 사람들을 위한 연습법
- 강조를 위한 포즈 연습법
- 속도 조절을 위한 포즈 연습법

270 끝 음 처리가 말투를 결정한다
- 내 말투 자가진단법
- 원하는 이미지를 위한 말투 연습

283 말의 타이밍은 중요하다
- 언제 말할 것인가?
- 어떤 순서로 말할 것인가?

255 **연희 테크닉 01** '가'부터 '히'까지 큰소리로 내뱉기
261 **연희 테크닉 02** '솔' 톤보다는 '미'나 '파' 톤이 편안하다
268 **연희 테크닉 03** 말의 속도를 조절하는 나만의 포즈
280 **연희 테크닉 04** 말의 어미 '요'와 '다' 섞어쓰기

일러두기

저자 고유의 글맛을 살리기 위해 표기와 어법은 저자의 방식을 따랐습니다.

1장

말이 곧 당신이다

왠지 기분 좋은 사람,
왠지 피곤한 사람

　삶은 선택의 연속이다. 어떤 선택을 하느냐에 따라 만족하거나 후회하기도 하고, 행복해지거나 불행해지기도 한다. 그래서 우리는 늘 선택에 신중하다. 지금의 나는 환경이 아닌 선택의 산물이라 해도 과언이 아닐 정도로 우리는 매일, 매 순간 많은 선택을 하며 살고 있다. 아침에 눈을 뜨면서부터 '일어날까 말까?', '아침을 먹을까 말까?' '이 옷을 입을까 저 옷을 입을까?' '디저트를 먹을까 말까?' 등 선택해야 할 일이 꼬리에 꼬리를 물고 이어진다.

　매 순간 그리 많은 선택을 하면서 어떻게 말할지, 어떤 단어를 선택할지 고민하는 사람은 그리 많지 않은 것 같다. 사람마다 차이가 있겠지만 남자는 하루 평균 10,000개 여자는 하루 평균 25,000개의 단어를 쓴다고 한다. 하루에 이렇게나 많은 단어를 쓰면서 이렇게 말할까? 저렇게 말할까? 이 단어를 쓸까? 저 단어를 쓸까? 고민해 본 적이 있는가? 물론 일상의 대화에서 말이다.

오래된 친구가 있다. 심성이 참 고운 친구다. 격식 없이 편하게 만날 수 있는 친구인지라 한때 자주 만났다. 그런데 그 친구를 만나고 집으로 돌아올 때는 이상하게 몸과 마음이 처졌다. 분명 좋은 마음으로 기분 좋게 갔었는데 말이다.

처음에는 나의 컨디션 탓인가 싶었다. 하지만 여러 번 비슷한 일이 되풀이되면서 내 컨디션과는 상관없이 방전되는 느낌이라는 결론을 내렸다. 자주 만날수록 피로감이 커지니 이런 저런 핑계를 대며 만남을 피하기도 했다. 그러다 한 동안 안 만나면 그리움이 밀려와 착한 친구를 만나러 간다. 친구는 반가워하며 인사를 건넨다.

"오랜만이네~ 잘 지냈어? 아픈 덴 없고?"

"응 잘 지냈지~ 너는?"

안부를 묻자 친구는 습관처럼 짧은 한숨부터 쉰다.

"휴~ 나는 요 며칠 몸이 영 안 좋았어. 날이 궂어 그런가? 어제까지도 기운 못 차리다가 오늘 겨우 좀 괜찮아졌네, 아휴~(또 다시 짧은 한숨) 요즘엔 잠도 통 못 자. 나이 먹어 그런 것 같기도 하고. 너는 괜찮아?"

"나야 뭐 머리만 대면 꿈나라지. 왜 그럴까? 잠을 못 자면 너무 피곤하겠다."

"글쎄 말이야. 나도 피곤한데 요즘 엄마까지 안 좋으셔서 휴(긴 한숨) 아주 죽겠어. 지난달엔 아버지가 아프셨는데, 좀 나아지니 이번엔 엄마가 아프네…… 내가 아주 죽겠다."

"에효 어쩌냐……."

친구의 한숨에 내 한숨이 더해진다. 그렇게 한숨 한 번에 술 한 잔 기울이고 답도 없는 푸념을 듣고 맥없이 돌아온다. 이야기를 들으며 같이 내쉰 한숨 속에 나의 에너지도 같이 빠져 나간 느낌이다. 말에 한숨이 섞이니 표정도 어둡다. 어두운 친구의 표정을 보고 있으면 나도 같이 기운이 빠진다.

친구와는 달리 에너지 드링크제 같은 동료가 있다. 미친 듯이 식곤증이 밀려왔을 때 잠깐 10분 눈 붙였다 일어나면 기적처럼 몸이 개운해진다. 그녀와의 대화도 그렇다. 잠깐이라도 그녀와 이야기를 하면 세상 개운해진다.

"아! 언니(한 톤 높여, 코앞에 두고도 큰소리로) 하하하"

언제나 환하게 웃어주는 게 그녀의 인사법이다. 얼마 전 주식으로 1억 원 넘게 손해를 봤단다.

"아 차 바꾸려고 했는데, 차 한 대가 날아갔어.~"

"어머 어떡하니"

"차 바꿀 팔자가 아닌가 봐 하하하. 일하기 싫어서 꾀가 났는데, 확실하게 동기 부여해주네 ㅋㅋㅋ"

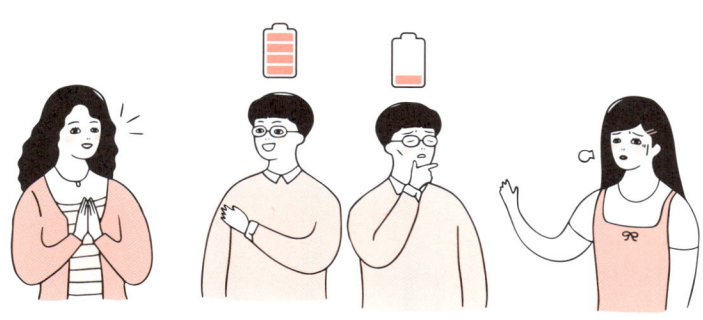

1억 원 넘게 큰 손해를 본 슬픈 내용의 이야기지만 그녀와 함께 한 시간은 슬프지 않다.

"요즘 왜 이리 회사에서 얼굴 보기가 힘들어?"

"아 언니 나 요즘 무지 바쁘잖아~ 집안 일 도와주던 이모가 중국 들어가서 방송하고 집에 가서 딸내미 밥 해주고, 집안일 하느라 시간이 없어 그 좋아하는 맥주도 혼자 마시잖아. 그래서 언니 나 요즘 쓰러지면 그냥 자~ 이제 불면증 약이 필요가 없다니까 ㅎㅎㅎ"

몸이 힘들다는 안타까운 이야긴데, 표정은 해맑다. 그런 그녀의 표정을 보니, 나도 마음이 밝아진다. 왜 안 힘들겠는가? 아침, 밤으로 방송 시간이 들쑥날쑥하니 자는 시간이 모자라 늘 분장실에서 메이크업 받으며 졸기 일쑤이고, 사춘기 딸 눈치 봐가며 시중드는 게 좀 힘들까. 그래도 그녀 입에서 짧은 한숨조차 나오는 것을 들은 적이 없다. "힘들어 죽겠어" 말은 해도, 하하하 크게 웃는다. 그 해맑은 웃음에 나도 환한 웃음으로 에너지를 보태게 된다.

그런 그녀를 난 참 좋아한다. 나만 그런 것은 아닌 것 같다. 회사 내에서 그녀를 안 좋게 말하는 사람을 단 한 명도 본 적이 없다. 그녀는 동료뿐 아니라 선후배들, 같이 일하는 스텝들에게도 인기가 좋다. 옆에 있거나 함께 이야기하는 것만으로도 뭔가 기분 좋은 에너지를 전해주는 것만 같은 왠지 기분 좋은 그녀를 싫어할 사람이 어디 있겠는가?

친구나 동료 모두 똑같이 힘들다는 말을 한 것인데, 두 사람이 풍기는 에너지는 사뭇 다르다. 옷이 날개라고 어떤 옷을 입느냐에 따라 사람이 달라 보이듯 어떻게 말하느냐에 따라서도 사람이 달라 보인다. 첫인상과 외모는 너무 호감이 가는데 몇 마디 대화를 하다 보면 확 깨는 사람이 있는가 하면, 외모는 썩 마음이 가지 않는데 이야기를 하다 보면 왠지 자꾸 마음이 가는 사람이 있다.

왠지 자꾸 마음이 가는 사람과 그렇지 않은 사람의 차이는 '말'이 만든다. 왠지 만나면 기분 좋은 사람들은 마음도 긍정적이고, 주로 쓰는 언어도 긍정어이다. 반면 누군가를 만났는데 말을 하면 할수록 피곤함이 밀려온다면 아마 그 사람은 습관적으로 부정어를 많이 쓸 가능성이 크다.

말이 곧 당신이다. 왠지 만나면 좋은 사람, 기분 좋은 사람이 되고 싶다면 자신이 주로 쓰는 말부터 들여다봐야 한다. 말 안에 자신도 몰랐던 자신의 모습이 보일 것이다.

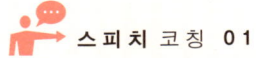 스피치 코칭 01

내가 주로 쓰는 언어를 알아야
진짜 '나'를 알 수 있다

스피치 강의를 하면서 화법을 분석해 주면 '내가 이렇게 말했었구나.'라는 말을 자주 듣는다. 많은 사람이 자신이 어떻게 말하고 어떤 언어를 자주 사용하는지 잘 모른다. 스스로 긍정적인 사람이라 생각했는데, 막상 화법을 분석해 보면 부정적인 언어를 많이 사용했다든가, 다른 사람의 말을 잘 들어주는 사람이라고 믿었는데, 누구보다 말을 더 많이 하고 있다든가, 생각보다 거부나 요구하는 말을 더 많이 해 깜짝 놀라는 경우가 많다.

'나는 어떻지? 나도 그럴까?' 궁금하다면 친구와 이야기하는 것을 녹음해 보자. 처음에는 녹음을 의식해 언어를 가려서 할지 모르지만 친한 사람과의 수다가 길어지면 평소 자신의 언어 습관이 나온다.

녹음한 후에는 먼저 긍정의 단어와 부정의 단어를 세어보자. 어떤 단어를 많이 사용했는지에 따라 당신이 긍정적인지, 부정적인지가 드러난다. 일반적으로 누가 봐도 밝고 긍정적인 느낌을 주는 사람들은 긍정어를 압도적으로 많이 사용한다. 최소한 80% 이상 긍정어를 사용해야 다른 사람들이 '저 사람은 참 긍정적이구나.'라고 느낀다.

혹시 자기도 모르게 부정어를 많이 사용해 부정적인 이미지를 주었어도 실망할 필요는 없다. 지금부터라도 의식적으로 긍정어를 많이 사용하면 된다.

우리 뇌는 외부 환경과 경험에 따라 끊임없이 변한다. 이를 '신경가소성^{Neuroplasticity}'이라 한다. 따라서 의식적으로 그동안 쓰던 부정어를 긍정어로 대체해 사용하다 보면 우리 뇌도 긍정어에 익숙해진다. 그렇게 되면 부정적인 단어를 듣거나 사용하면 불편함을 느끼게 된다.

언어가 그 사람의 이미지를 만든다. 긍정적이고 호감을 주는 사람이 되고 싶다면 당연히 긍정어를 많이 사용해야 한다. 의식적으로 긍정어를 많이 사용하면 뇌도 긍정적인 자극에 더 잘 반응하고, 이미지도 긍정적으로 바뀐다.

긍정 어휘	부정 어휘
하다	안하다, 하지만
하고	아니하고, 안 하고
내다	내는데, 내지만
알다	알지만
좋다	싫다, 싫지 않다, 안 좋다, 좋지 않다.
있다	없다
열린	닫힌
조심스러운	소심한
관심	무관심, 무심
할게요	그게 아니라
맞아요	그건 아니지

많이 사용하는 긍정어 vs 부정어 표현

말이 몸을 지배한다

공부하느라 힘들었던 10대 시절부터 끊임없는 경쟁에 치였던 20대 초반까지 난 늘 힘들어 했던 것 같다. 내가 힘드니 남들에게 너그러울 수 없어 늘 까칠했었다. 웃음은 줄고 짜증은 늘고, 늘 미간에 내천자(川)를 그리며 찡그리기 일쑤였다. 마음이 가시밭이니 속이 안 좋아 툭하면 위가 탈이 났었다. 그런 나에게 돌아가신 어머니가 명언을 남기셨다.

"넌 슬프지 않으면 아프고, 아프지 않으면 슬프냐?"

들었을 땐 무지 서운했던 말인데, 너무도 맞다 싶었는지 30년이 지난 지금까지 잊히지 않는다. 아프니 슬펐을 것이고, 슬프니 아팠을 것이다. 아프니 짜증도 났을 것이고, 짜증이 많아지니 내뱉는 말도 까칠했을 것이다. 그런 딸의 모습을 보면서 얼마나 안타까우셨을까? 딸을 제일 잘 아는 어머니가 그렇게 말씀하실 정도였으니 젊은 시절 나의 성격은 그리 좋지 않았던 것 같다.

이런 악순환의 고리를 끊어냈던 계기가 있었다. '뽀뽀뽀'라는 어린이 프로그램을 할 때였다. 1주일분의 방송 분량을 하루는 스튜디오, 하루는 야외 촬영 이틀에 걸쳐 녹화했었다. 스튜디오에서 촬영하는 날이었는데 감기몸살로 몹시 열이 났다. 분장실에서 메이크업을 하는데 온몸에 땀이 나고, 컨디션이 영 엉망이었다. 녹화를 못하겠다고 하고 싶었지만, 같이 하는 아이들부터 성우들을 비롯한 다른 출연자들의 스케줄 때문에 안 할 수도 없는 상황이었다.

누웠다 엎드렸다 하며 쉬어 보았지만 나아지지 않았다. 온몸이 뜨겁게 달궈질 정도로 열이 펄펄 끓었지만 무거운 몸을 이끌고 스튜디오로 들어갔다.

모두의 걱정 속에 녹화는 시작되었다. 카메라에 빨간 불이 들어오고 경쾌한 음악소리가 흘러나왔다. 음악에 맞춰 오프닝이 시작되었다.

"뽀뽀뽀 친구들 안녕하세요~ 오늘도 뽀뽀뽀와 함께 즐겁게 시작해요~ 준비됐나요~(리드미컬하게)" 물으면 아이들이 입을 모아 "준비됐어요~(리드미컬하게)" 대답한다. 그러면 체조 음악이 나오고 율동이 시작된다.

"삐약 삐약 병아리~ 음메 음메 송아지 따당 따당 사냥꾼~ 뒤뚱 뒤뚱 물오리~~~~"

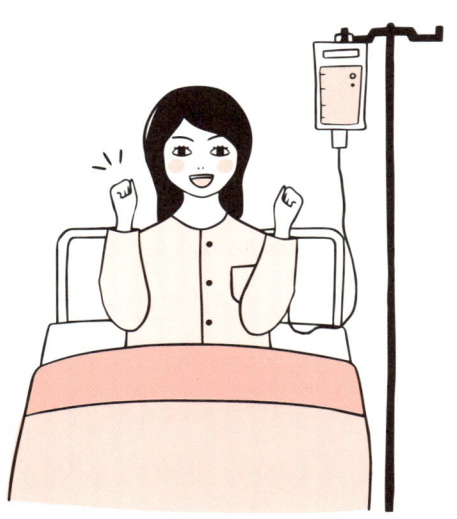

한껏 밝은 목소리로 노래하며 웃으며 아이들과 체조를 하는데 어느 순간부터 들끓었던 열이 내려가는 느낌이 들었다. 무거웠던 몸이 가벼워지는 것 같았다. 아파서 짜증이 났었는데, 즐거워지고 있었다. 점점 컨디션은 회복되었고 스튜디오 녹화를 무사히 마칠 수 있었다. "역시 프로네"라는 작가언니의 말에 우쭐해지기도 했다. 그날 나는 말의 기운이 얼마나 큰지 어렴풋이 느꼈던 것 같다.

말의 기운이 정말 중요하다는 것은 그 이후 라디오 프로그램을 하면서 다시 확인할 수 있었다. 모 방송국에서 오후 5시부터 7시까지 음악 프로그램을 진행할 때였다. 거의 대부분 생방송으로 진행되는지라 매일 매일의 컨디션이 중요했다.

하지만 컨디션이 매일 매일 좋을 수는 없었다. 어떤 날은 부부싸움으로 화가 가득 차 있었고, 또 어떤 날은 몸이 아파 기운이 없기도 했다. 그럼에도 나는 내 컨디션과 상관없이 늘 밝게 웃으며 인사했다.

"안녕하세요~ 강연희입니다."

그때부터 마법이 펼쳐진다. 밝은 톤으로 웃으며 인사하는 순간 화는 가라앉고, 아픔은 사라지곤 했다. 부정의 에너지가 사라지고 긍정의 에너지로 채워지는 느낌이다. 기분이 나빠서, 컨디션이 안 좋아서, 아파서 너무나 가기 싫고 하기 싫었던 그 생방송을 그렇게 억지로 웃으면서 시작하고, 2시간 동안 음악을 들으며 사연을 읽으며 웃고 이야기를 하다 보면 이전에 있었던 나빴던 일들이 다 잊힌다.

웃을 일이 있어서 웃나요? 웃다 보면 웃을 일도 생기겠지요? 누구의 말인지는 모르겠지만, 전적으로 공감한다. 그렇게 나의 일은 나를 변화시켰다. 슬프고 아프고, 아프고 슬펐던 나를, 슬퍼도 웃고, 아파도 웃게 만들었다.

말의 기운은 우리가 생각하는 것보다 훨씬 강력하다. 오늘 하루 내뱉는 말 속에 좋은 기운을 담는다면 당신의 오늘은 어제보다 행복할지 모른다. 오늘도 내뱉는 말에 한숨 대신 웃음을 섞어본다.

우거지~ 김치~참치~스마일~~

스피치 코칭 02

뇌는 진짜와 가짜를 구별하지 못한다

'행복해서 웃는 것이 아니라 웃어서 행복해지는 것이다.'라는 말을 들어본 적이 있는가. 언뜻 말장난 같지만 진짜다. 우리 뇌는 진짜와 가짜를 구별하지 못하기 때문에 가짜로 웃어도 진짜로 행복하다고 받아들인다.

특정 행동이나 표정에 대한 연구들 중 표정이 감정에 미치는 영향을 연구한 실험이 있다. 그룹을 2개로 나눠 억지로 표정을 만들게 한 후 재미있는 만화를 보게 했다. A그룹은 치아로 볼펜을 물어 웃는 표정을 만들었고 B그룹은 입술로 볼펜을 물어 굳은 표정을 만들었다. 실험 결과 웃는 표정을 만든 A그룹 참가자들이 만화가 더 재미있다는 평가를 했다.

왜 이런 결과가 나온 것일까? 뇌는 웃는 표정을 인식하면 당신이 지금 좋은 기분이라고 생각하고, 굳은 표정을 인식하면 부정적인 감정이라고 생각하기 때문이다.

이 실험 결과는 신체 즉 표정이 감정을 만든다는 제임스-랑게 이론 James-Lange Theory에 힘을 실어준다. 물론 반론을 제기하는 사람들도 있지만 신체와 정서 중 무엇이 먼저냐에 대한 논란일 뿐, 행동이나 말이 감정과 관련 있고 서로 영향을 끼친다는 것은 이미 확인된 사실이다.

머리가 아픈 척 꾀병을 부리다가 진짜 두통이 오거나 스트레스를 받았을 때 소화가 안 되고 체한 적이 있을 것이다. 반대로 몸이 아프면 기분이 우울해지고 사소한 일에도 짜증이 난다. 다 우리 몸과 감정이 서로 영향을 주고받기 때문에 생기는 현상이다.

말은 감정을 바꾸고, 감정은 몸을 바꾼다. 몸이 아프고, 컨디션이 좋지 않을 때 억지로라도 '괜찮아'라고 말하면서 웃으면 뇌가 정말 괜찮은 줄 알고, 우리 몸에 괜찮다는 신호를 보낸다.

물론 몸이 많이 아플 때 말이나 표정으로 뇌를 속여 병을 완전히 낫게 하는 데는 한계가 있다. 하지만 아파도 '괜찮아, 곧 좋아질 거야'라고 말하며 힘들어도 웃으려고 노력하는 사람과 '내가 정말 나을 수 있을까? 너무 우울하고 두려워'라며 우울해하는 사람의 호전속도는 분명 차이가 난다. 병의 원인은 병원에서 찾고 치료할 수 있지만 마음의 상태는 내 말과 감정에 좌우된다.

다행히 뇌는 진짜와 가짜를 구별하지 못한다. 그러니 컨디션이 나쁠수록 주문처럼 긍정적인 말과 기분 좋은 표정으로 뇌를 속이면 어떨까?

영혼 없는 칭찬이라도 좋다

나는 친구가 많은 편이다. 찾는 이도 많고 내가 사람을 좋아하기 때문에 내 주변에는 늘 사람이 많다. 회사에서도 그렇다. 친한 동료들에게 자주 듣는 말이다.

"언니는 다 좋아하잖아요."

두 가지 의미다. 누군가 나를 좋아한다는 뜻도 있고, 또 내가 누군가를 좋아한다는 의미이기도 하다. '언니가 싫다 하면 정말 나쁜 사람이야' 할 정도로 난 내가 먼저 상대를 좋아한다. 그렇다고 내가 모든 사람을 다 좋아하겠는가? 나도 싫은 사람, 미운 사람이 있다. 다만 티를 안 내고 싫은 점보다는 좋은 점을 먼저 보려고 노력할 뿐이다.

싫은 데도 내색하지 않는 게 솔직하지 않다고 볼 수도 있다. 그런데 그거 아는가? 좋아하는 척하면 진짜 좋아진다는 것을. 그래서 TV나 영화에서 연인으로 호흡을 맞췄던 배우들이 실제 연인이 되는 경우가 많은 것일 수도 있다.

    어릴 적 막내 이모네와 함께 살 때의 일이다. 아마 내가 한 10살쯤 되었던 무렵이라 생각된다. 막내 이모의 큰딸은 나보다 5살 어렸다. 어릴 적 기억이라 사소한 일들이 정확하게 기억나지는 않지만 그때 당시 나는 그 여동생이 무지하게 얄미웠다. 얄미워하면 할수록 그 여동생은 더욱더 미운 짓만 했다. 미워 죽을 것 같았다. 싸우거나 때리면 늘 혼나는 건 나였다. 그러니 이러지도 저러지도 못하면서 엄청 미워했던 기억이 난다.

    그러던 어느 날 작전을 바꿨다. 그 어린 나이에 어떻게 그리 영특한 생각을 했는지 모르겠지만, 180도 작전 수정해 그 동생을 예뻐하는 척했다. 싫은 내색 안하고 '예뻐 예뻐' 했던 것 같다. 그런데 이게 웬일인가? 동생이 얄미운 짓을 멈췄다. 그리고 진짜 예쁜 짓을 하기 시작했다.

    나도 변했다. 내 의도는 불손했다. 진짜 예뻐하지도 않으면서 미움을 감추고 예뻐하는 척했다. 그런데도 시간이 갈수록 그 동생이 정말 좋아졌다. 지금은 오래 전에 이민을 가서 미국에 있지만 어쩌다 한국에 들어올 때면 꼭 내 얼굴은 보고 돌아간다. 그리고 여전히 예쁜 동생이다.

어릴 때 우연히 경험했던 이 일은 나의 인간관계에 큰 영향을 끼쳤다. 그때 척하면서 했던 노력 중에 가장 먼저 바꾼 것은 말이었던 것 같다. 어린 나이에 뭘 알았겠는가? "○○이 아 예뻐" "○○ 정말 예쁘네" 이런 영혼 없는 칭찬을 남발했던 것 같다. 그런데 진짜 좋아지는 기적이 일어난 것이다.

동료들이나 친구들이 얘기하는 것처럼 나를 싫어하는 사람이 적은 이유는 바로 "예쁘다"는 칭찬을 많이 하기 때문이다. 어린 시절 사촌 여동생에게 그랬듯이 난 처음 만난 사람은 물론 누군가 만났을 때 무조건 '예쁘다'에 버금가는 칭찬이나 긍정의 언어로 대화를 시작한다.

대부분의 사람들이 좀 힘들어하는 아주 어린 후배가 있다. 하고 싶은 얘기 가리지 않고, 상대가 기분 나쁘든 말든 자기 하고 싶은 말을 바로 내뱉는 스타일이다. 방송 미팅을 잡을 때도 선배 상황을 전혀 고려하지 않고 자기 상황이 먼저인지라 대선배인 쇼호스트 중에는 거품을 물면서 그 친구를 싫어하는 사람도 있다.

그런데 난 그 친구도 예쁘다. 빈말로 예쁘다고 하는 것이 아니라 내가 보기에 그 후배는 정말 예쁘게 생겼다. 나뿐만 아니라 다른 사람들도 그렇게 생각할 것이다. 다만 하는 행동이 미워 곱게 보지 않을 뿐이다. 나는 그 친구의 예쁜 모습만 보고 볼 때마다 말로 표현한다.

"○○는 정말 예쁘다. 아니 이렇게 예쁘고 직장도 좋은데 남자 친구가 없다는 게 말이 되니?"

예쁘다는 말을 싫어하는 사람이 있을까? 가는 말이 고우면 오는 말도 곱다는 말은 예나 지금이나 진리이다. 만날 때마다 칭찬할 거리를 찾아 칭찬해주니 그녀도 내게는 호의적인 느낌이다. 내 착각일 수도 있겠지만 미팅을 잡을 때 내 상황을 먼저 고려하고 배려해주는 것 같다.

몇 년 전 충격적인 칭찬의 말을 들은 적이 있다. 어떤 상황이었는지, 무슨 일이었는지는 기억나지 않지만 그 친구가 나에게 해준 칭찬의 말은 몇 년이 지나도 또렷이 기억한다.

"와~ 훌륭하네~"

훌륭하다는 말은 위인전에서나 읽었던 단어였다. 훌륭하다는 말은 정말 대단한 사람에게만 어울리는 단어라고 생각했다. 그런데 그리 친하지 않았던 친구에게 훌륭하다는 말을 듣고 너무 좋았다. 흔하지 않은 칭찬의 말이었고 더 이상은 있을 수 없는 최고의 칭찬으로 들렸다. 스스로를 훌륭하다고 한 번도 생각해 본 적이 없었기에 나보다 더 나의 가치를 높이 평가해준 그 친구가 무척이나 고마웠다. 그리고 특별하게 칭찬해 준 그 친구가 아주 특별해 보였다. 훌륭하다는 특별한 칭찬 한마디로 그 친구를 향한 호의가 배가 되었다.

그러고 보면 사람들과 잘 지내는 좋은 사람이 되는 건 생각보다 쉬운 일 같기도 하다. 단점만 있는 사람은 한 사람도 없다. 누구나 장점을 적어도 한 가지 이상은 갖고 있다. 그 장점을 찾아 칭찬해 주면 그 사람도 나를 좋아할 확률이 높아진다.

온전한 진심이 아니어도 괜찮다. 애써 장점을 찾아 억지로라도 칭찬을 하다 보면 어느 순간부터는 그 사람의 좋은 점이 더 먼저 보이기 시작한다. 어렸을 때 사촌 여동생을 예뻐하는 척하다 정말 예뻐하게 된 것처럼 말이다.

관계가 힘든 사람이 있는가? 그렇다면 당장 칭찬거리를 찾아 특별하게 칭찬해 보기 바란다. 멀어졌던 거리가 가까워지고, 서로에게 특별한 사람이 될 수 있을지도 모른다.

스피치 코칭 03

더 확실한 효과를 불러오는
칭찬 화법

칭찬을 잘하면 관계만 좋아지는 것이 아니라 사람도 바꿀 수 있다. 칭찬의 효과가 얼마나 큰지는 이미 여러 연구 결과를 통해 충분히 입증됐다. 대표적인 이론 중 하나가 '로젠탈 효과'다.

로젠탈 효과^{Rosenthal Effect}는 하버드대 심리학과 교수였던 로버트 로젠탈이 발표한 이론이다. 그는 1963년, 샌프란시스코의 한 초등학교에서 지능 검사를 한 후 무작위로 학생들을 뽑아 교사에게 지능지수가 높은 학생이라고 칭찬하도록 했다. 놀랍게도 교사의 칭찬과 기대를 받은 학생들은 실제 지능과 상관없이 8개월 후 평균 성적이 다른 학생들보다 높았다.

어떤 칭찬이라도, 하물며 완전히 진심을 담지 않은 칭찬도 효과가 있다. 물론 진심을 담아서 칭찬하면 그만큼 효과는 배가 된다. 상대방의 마음을 움직이고 관계를 부드럽게 만드는 데 칭찬만큼 좋고 확실한 것도 없다.

거창하지 않아도 좋다. 다음 몇 가지만 신경 쓰면 된다.

1. 진심을 담아 칭찬한다

칭찬에 진심을 담으면 그 위력은 배가 된다. 표현은 서툴러도 진심으로 상대방의 좋은 점을 칭찬하면 상대방도 마음을 열고 진심으로 대한다.

2. 대가를 바라는 칭찬은 위험하다

칭찬은 솔직한 감정을 표현하는 것으로 끝나야 한다. 상대방을 칭찬한 대가로 무언가를 얻기를 원한다면 그건 칭찬이 아니라 아부라고 봐야 한다.

3. 외모보다는 재능을 칭찬하는 것이 더 좋다

'예쁘다' 혹은 '멋있다'는 말을 싫어하는 사람은 없을 것이다. 하지만 큰 키를 컴플렉스로 여기는 사람에게 "키가 커서 멋있어요."라고 말하면 실례일 수 있다. 외모보다는 "노래를 참 잘하시네요.", "패션 감각이 뛰어나시네요."와 같이 재능이나 감각을 칭찬하는 것이 더 좋다.

최화정의 매력을 완성하는
그녀만의 화법

　홈쇼핑에는 셀럽과 함께하는 기획 프로그램이라는 것이 있다. 그동안 많은 셀럽과 기획 프로그램을 진행해 봤다. 논리적으로 말을 아주 잘하는, 언변이 뛰어난 셀럽과도 방송을 해봤고, 박학다식한 의사와 보험 방송 기획 프로그램도 해봤고, 인테리어 분야에서 내로라하는 전문가와도 호흡을 맞춰봤다. 그리고 지금은 최강 동안 최화정 언니와 3년째 기획 프로그램을 진행하고 있다.

　셀럽과 함께하는 프로그램은 다른 홈쇼핑에도 있다. 그런 기획 프로그램은 수시로 달성률을 비교 당한다. '최화정 쇼'는 G사, L사, H사 홈쇼핑사에서 하고 있는 기존의 셀럽 기획 프로그램보다 훨씬 뒤에 시작한 후발 프로그램이었다. 다른 홈쇼핑사의 셀럽들은 이미 10년 혹은 그 이상씩 홈쇼핑을 진행해온 베테랑들이다. 그녀들은 어떤 타이밍에 어떻게 무슨 말을 해야 고객이 수화기를 들고 주문을 하는지 꿰뚫고 있을 정도의 홈쇼핑 도사들이다.

화정 언니는 그런 면에 있어선 백지 상태였다. 화술도 그녀들의 청산유수와는 다른 화법이다. 내용을 논리적으로 전달한다기보다는 느낌을 센스 있고 재미있게 솔직하게 전달하는 방식이다.

언니의 재밌는 표현은 입을 벌리고 손뼉을 치게 한다. '오덴세'라는 테이블웨어를 방송할 때 특별 사은품으로 하이탑 접시, 일반 접시와는 디자인이 다른, 흔히 보지 못하는 쉐입의 접시를 준 적이 있다. 가장 쉽게 떠올릴 수 있는 표현은 "이런 거 못 보셨죠? 이렇게 특별한 하이탑 접시를 드려요~" 정도가 될 것이다. 하지만 화정 언니는 뻔한 표현 대신 그녀만의 솔직하고 유머러스한 화법으로 풀어낸다.

"이런 건 손에 돈을 쥐고 있어도 어디서 사는지 모르면 못 사잖아요. 이렇게 폼 나는 하이탑 접시를 드려요~"

화정 언니의 독특한 화법은 이미 많이 알려져 있다. "맛있게 먹으면 0칼로리~"도 화정 언니가 처음 했던 말이다. 지금은 먹고 싶은 걸 참지 못하고 먹으면서 스스로 위로할 때 너도 나도 쓰는 말이지만 원조는 화정 언니다. 광고에 이 문구가 쓰였을 때, 반 농담으로 "저작권 신청이라도 했어야 했는데"라고 말하며 함께 아쉬워했던 적도 있다.

사실 처음 프로그램을 시작할 무렵 관계자들은 적잖이 걱정을 했다.

그때만 해도 논리 정연하게 설득해야 말을 잘하는 것이란 편견이 있었다. 그런 관점에서 보면 화정 언니가 10년 가까이 먼저 해 오던 다른 셀럽들보다 말을 더 잘할 수는 없다고 생각했기 때문이다.

그 걱정은 첫 방송 조기 매진과 함께 사라졌다. '최화정 쇼'는 시작과 동시에 사람들의 관심을 끌었고, 점점 회자되기 시작했다. 시간이 흐를수록 인기가 더해져 지금은 홈쇼핑에서 제일 재미있는 방송, 잘나가는 프로그램이 되었지만 언니의 화법은 달라지지 않았다. 지금도 언니답게 언니만의 화법으로 '최화정 쇼'를 방송하고 있다. 그럼에도 매출과 달성률은 점점 좋아지는 중이다.

언젠가 담당 피디와 함께 '최화정 쇼'의 인기 비결에 대해 허심탄회하게 이야기를 나눈 적이 있다. 우리 쇼가 경쟁 기획 프로그램에 비해 조건이 월등히 좋은 것도 아니고, 뛰어난 화술로 설득에 능한 것도 아닌데 시청률과 함께 달성률 모두 좋은 이유는 뭘까? 이런 저런 얘기 끝에 우리가 내린 결론은 '다른 곳에는 없고 우리에게만 있는 단 하나의 유일한 것. 바로 최화정이 있기 때문'이라는 것이다.

언니는 매력부자다. 화정 언니가 진행하는 라디오의 애청자라면 누구나 알겠지만 언니는 늘 유쾌하고 재미있다. 햇수로 4년째 가까이에서 언니를 지켜 본 바로는 언니의 유쾌함과 재치는 머리끝부터 발끝까지 차 있는 언니의 긍정 에너지에서 발산되는 듯하다. 옆에 있으면 덩달아 신이 나고 즐거워진다. 나뿐만 아니라 내 주변 사람들은 모두 언

니를 좋아한다.

실제 나이보다 10년 아니 조금 과장하자면 20년 이상 어려 보이는 동안과 백옥 같은 피부도 화정 언니의 빼놓을 수 없는 매력이다. 패션 감각은 또 얼마나 좋은지 감탄이 절로 나온다. 그래서 많은 여성이 부러워하며 언니를 닮고 싶어 한다.

일일이 거론하기도 어려울 정도로 매력 덩어리이지만 언니의 매력에 정점을 찍는 것은 개인적으로 언니만의 독특한 화법이라 생각한다. 정말 말을 재치 있게, 맛있게 한다. 언니의 말을 듣고 있으면 가끔 '와~ 어떻게 저런 표현을 하지' 입이 떡 벌어진다. 재밌다. 또 무슨 재밌는 말을 할까 싶어 언니가 입을 열면 집중하게 된다.

최화정 쇼는 방송하기 전에 미팅을 하는데, 일주일에 하루 4시간 이상은 하게 된다. 미팅 시간도 길고 언니와 우리 팀 모두 워낙 먹는 걸 좋아해서 미팅 중에 간식이 한가득이다. 간식을 먹는 재미도 좋지만 언니 말이 더 재밌다. 새로운 메뉴의 샌드위치를 먹으면서 언니가 한마디 한다.

"이거 먹지 마, 상했어."

"정말요?"

"응응 먹지 마. 상했어."

그러면서 모든 샌드위치를 자기 앞으로 갖다 놓는다. 혼자 다 먹고 싶을 만큼 맛있다는 말이다. 만약 언니가 "이거 너무 맛있다. 혼자 다 먹고 싶을 정도네."라고 말했다면 어땠을까? 똑같은 내용도 언니만의 독특한 화법으로 이야기하니 귀 기울이게 되고, 언니가 더 좋아지는 것이리라.

　무엇보다 언니의 말은 진심으로 가득하다. 그저 진심 없이 표현만 톡톡 튀는 것이었다면 잠깐 언니의 화법에 웃고 신기해할 수는 있겠지만 마음까지 움직이지는 못할 수도 있다. 재치에 진심이 더해져 비록 다른 셀럽들처럼 말의 테크닉이 화려하지 않고, 언변이 뛰어나지 않아도 시청자들은 언니가 하는 말을 주의 깊게 듣고 믿는 것 같다.

특별했던 대표님? 대표님!

1989년 전문 MC로 데뷔해서 쇼 프로그램, 뽀뽀뽀, 라디오 등 다양한 프로그램을 하다가 서른 중반 즈음 앞으로의 비전을 보고 2002년 C 홈쇼핑에 입사해 쇼호스트가 되었다. 그때부터 지금까지 이직 없이 계속 같은 회사를 다니는 중이다. 그동안 대표님이 7번 바뀌었다. 어쩌면 8번일 수도. 7명의 대표님들 중 5명은 그냥 대표님이었고 2명의 대표님은 좀 특별했다.

5명의 그냥 대표님은 학창시절 교장 선생님 같은 존재였다. 높은 곳에 있는 분들이니 감히 어떻게 할 수가 없는 분들이었다. 누가 강요하지 않아도 자연스레 존경해야 할 것만 같은, 만나면 깍듯이 인사하고, 물으면 "예예"하며 읍소해야 하는 딱 그 정도 어른들이었다.

특별한 두 분 대표님은 조금 다르다. 한 분은 마음이 가지 않았다. 교장 선생님 같은 대표님들은 어렵기는 했어도 싫지는 않았지만 그분은 마음의 빗장을 굳게 닫게 만드는 분이었다.

반면 다른 한 분은 진심으로 존경하는 마음이 생기는 분이다. 대표님을 좋아했던 적은 처음이었다. 그 대표님을 좋아하는 사람은 비단 나뿐만이 아니었다. 나와 같은 쇼호스트들은 물론 임직원 대부분이 진심 엄지 척 가장 존경하는 대표님으로 생각하고 있다. 아마 그분은 우리가 당신을 좋아하고 존경한다는 것을 모를 것이다. 왜냐하면 그분은 우리에게 존경을 강요한 적도, 그것을 갈망한 적도 없어 보였기 때문이다. 직원들이 언제나 한결 같은 대표님의 모습을 보면서 자연스럽게 존경하는 마음을 키웠을 뿐이다.

두 분의 차이는 무엇이었을까? 사실 나는 대표님들과 직접 만날 일이 그렇게 많지는 않다. 회사에서 신경 쓰고 있는 기획 프로그램을 오래 해서 다른 쇼호스트들에 비해 그래도 조금은 대표님들을 더 만났겠지만 그렇다고 자주 만나는 사이는 아니다. 그럼에도 두 대표님에 대한 마음은 극과 극이다. 이유가 뭘까?

두 분은 외모와 분위기가 사뭇 다르다. A 대표님은 상당한 멋쟁이였던 것 같다. 늘 비싸 보이는 명품 슈트에 감각 있는 컬러의 넥타이, 넥타이핀을 비롯한 액세서리, 그리고 반질반질 광이 나는 명품 구두와 깔끔하게 세팅된 머리, 가끔은 넥타이 대신 스카프로 멋을 내기도 했다. 누가 봐도 멋쟁이였다.

반면 B 대표님은 소박한 느낌이었다. 넥타이는 거의 안 매셨던 것 같고, 머리는 곱슬머리에 아무것도 바르지 않는 것 같았다. 외모로만 보자면 A 대표님은 부잣집 도련님 같았고, B 대표님은 직접 학비를 벌어 학교를 다녀야 하는 독학생 같은 분위기다.

외모만큼이나 말하는 스타일도 사뭇 달랐다. 우리 회사 대표로는 A 대표님이 선배다. 매주 토요일 오전 기획 프로그램을 했을 때인데, 당시 같이 방송하던 셀럽을 만나기 위해서 A 대표님은 거의 매주 토요일 회사를 나오셨다. 방송이 끝나고 사후 미팅을 하고 있으면, 커피를 사주시겠다며 미팅에 동참하셨다.

대표님이 사후 미팅에 오니, 부사장님, 사업부장님, 팀장님 줄줄이 같이 오셔서 상석에 앉으신다. 참 불편했던 미팅은 늘 1시간을 족히 넘겼다. 오늘 방송했던 결과를 보고 검토하는 것은 잠깐 하고, 셀럽 언니와 대표님의 말씀으로 나머지 시간이 채워진다.

대표님은 거의 대부분 지난주에 자신이 얼마나 열심히 일했는지에 대해 말씀하셨다. 지난주엔 이태리를 가셨는데, 엄청나게 유명한 디자이너를 만나셨단다. 이름을 얘기해줬는데 기억나지 않는다. 아무튼 굉장히 유명한 사람이고 아무나 만나주지 않는 사람인데 만나고 오셨단다. 거기 같이 있었던 사람들이 이구동성 "와~ 대단하세요." 추켜세운다. 그리고 언젠가는 프랑스를 다녀오셨는데, 워낙 바쁘셔서 1박인가 하고 바로 오셨단다. 또 이구동성 "와~ 엄청 바쁘시네요." 엄지 척 해준다.

A 대표님 목소리나 말하는 스타일이 약간 앙드레김과 비슷하다. 말도 좀 느리고, 혀도 약간 굴리면서 말하신다.

"저는요, 1분 1초가 너무 아까워요~ 그래서 이동하는 차 안에서도, 비행기 안에서도 책을 읽지요."

"와~ 대단하세요."

"저는요, 문득 문득 이런 아이디어가 수시로 떠올라서 늘 메모를 습관화하고 있지요."

"정말요? 대단하시네요.~"

"저는요. 남자지만 화장품 회사에 있을 때는 매니큐어도 바르고 다녔답니다."

"역시 훌륭하시네요.~"

아마도 A 대표님은 우리의 영혼 없는 호응을 진심으로 들었던 것 같다. 다행히 장기 집권은 아니어서 4년인가 있다가 다른 곳으로 가셨다.

A 대표님 후임으로 오신 분이 B 대표님이다. 경상도 분이셨다. 경상도 사투리를 시원시원하게 쓰신다. B 대표님은 사후 미팅엔 안 오신다. 대신 가끔 밥을 사주신다. 예전에는 대표님과의 식사라면 아무리 맛있는 걸 먹어도 불편했지만, B 대표님은 달랐다. 그냥 편안한 동네 오빠와 식사하는 자리 같다.

왜 B 대표님과의 식사가 편안할까를 생각해 보면 대표님의 대화 방

식이 다른 대표님과 달라서인 것 같다. B 대표님은 대부분의 대표님처럼 내 얘기, 내 자랑이 아닌 우리의 얘기를 먼저 묻는다. 말도 아주 쉽게 하신다. 상대가 관심 있어 할 주제로 세상 친근한 어투로 알기 쉬운 언어로 말씀하신다.

"지난주 방송 잘 봤어요(경상도 사투리로). 그 블랜더 정말 좋아요? 그거 얼음 갈아지는 게 정말 좋던데……"

"어머 방송 보셨어요? 블랜더 정말 좋아요.~"

"매진되는 바람에 못 샀어요.~ 다음에 언제 하지요?"

집에서도 일부러 홈쇼핑을 보시는 모양이었다. 존경스러웠다. 언젠가 아침 일찍 방송하고 가는 동료 쇼호스트에게 B 대표님이 말을 건넸다.

"그 요실금 치료기 정말 좋아요? 우리 나이엔 많이 필요로 할 텐데 아침 고객층에 어울리는 상품이지요?"

"어머 방송 보셨어요? 네. 늘 방송 잘 되고 있어요.~"

그 동료는 자신이 하고 있는 상품을 콕 짚어 칭찬해 주는 대표가 처음이었다고 했다. 그분은 늘 그렇게 언제 어디서나 우리의 얘기를 듣고 싶어 하셨다. 그래서 만나면 늘 먼저 인사하고, 안부를 물어 오신다. "잘 지내시죠?" 혹은 "어제 방송 잘 봤어요."라며 그 특유의 경상도 사투리로 동네 오빠처럼 친근하게 말을 건넨다.

언젠가 B 대표님이 쇼호스트들과 식사를 하고 싶다며 순번을 정했다. 보통은 최고참 선배들이나 기획 프로그램을 담당하는 쇼호스트들과 먼저 식사하는데, 역시 그분은 달랐다. 매일 아침 새벽 6시에 시작하는 첫 방송과 새벽 2시에 끝나는 마지막 방송을 많이 하는 쇼호스트들이 제일 고생이라면서 그들과 먼저 식사하겠다고 하셨단다. 역시 모두가 존경하는 대표님답다. 아쉽게도 지금은 같은 회사 다른 곳에 계셔서 자주 뵐 순 없지만, 가끔 "밥 사주세요.~" 하고 조르고 싶어지는 진심 존경하고 좋아하는 분이다.

두 대표님을 보면서 존경은 강요가 아닌 상대방을 먼저 생각하고, 배려하는 말과 함께 자연스럽게 쌓이는 것임을 배웠다. 돌아보면 생각보다 하고 싶은 말만 하거나 듣고 싶은 말만 듣는 사람들이 너무나도 많다. 높은 자리에 올라갈수록 자기도 모르는 사이에 그렇게 되기 쉽다. 그런 사람이 되지 않도록 오늘도 나는 내 말들을 들여다본다.

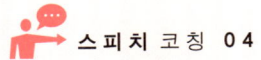 스피치 코칭 **04**

전문성을 살리면서 호감을 주는 화법

말을 보면 그 사람이 어떤 욕구를 갖고 있는지가 보인다. 직원들과의 자리에서 늘 자기 자랑을 하는 A 대표님에게는 다른 사람들을 지배하고 싶은 '지배동기'와 관계 속에서 자신의 위치와 신분을 확인하고 싶어 하는 '사회적 자기$^{social\ self}$'가 엿보인다. 반면 친근하면서도 존경받는 B 대표님의 말에서는 주변 사람들과 친해지고 어울리기를 원하는 '친애동기'와 '심리적 자기$^{psychic\ self}$'가 보인다.

'지배동기'와 '사회적 자기'가 강한 사람들은 대체적으로 전문 용어를 사용하며 어렵게 이야기하는 경향이 있다. 상대방과 소통하기보다는 자신의 전문성과 위치를 과시하고 싶은 욕구가 크기 때문이다. 하지만 어려운 전문 용어를 많이 쓴다고 전문성을 인정받을 수 있는 것은 아니다. 오히려 듣는 사람에게 거부감을 주고, 관계를 불편하게 만들기 쉽다.

그렇다면 어려운 말이나 전문 용어는 무조건 쓰면 안 되는 것일까? 그렇지는 않다. 어떤 의도와 방식으로 사용했느냐의 차이일 뿐이다. 오히려 적절히 전문 용어를 쓰면 전문가라는 느낌을 주는 데 도움이 되기도 한다. 전문가라는 느낌을 살리면서도 호감과 편안함을 줄 수 있는 방법이 있다. 의외로 간단하다. 다음 2가지를 지키면 된다.

첫째, 전문 용어는 되도록 적게 사용한다

고수들은 전문 용어조차 초등학생도 알아들을 수 있는 아주 쉬운 언어로 바꿔서 말한다. 굳이 사용하지 않아도 될 때 전문 용어를 사용하면 전문가로 보이기보다는 과시로 느껴질 수 있다. 물론 전문적인 분야에 대한 질문에 대답할 경우에는 그 분야에서 통용되는 전문 용어를 사용할 필요가 있다.

둘째, 말의 순서가 중요하다. 설명과 예시가 되는 말을 먼저 사용하라

설명과 예시부터 먼저 말하고 전문 용어를 사용하면 한결 쉽게 들린다. 다음 두 예시를 비교해보자.

> 예시1 스스로 다른 사람들과 친해지기 위해서 노력하는 행동이나 마음을 친애동기라고 한다.
> 예시2 친애동기(affiliation motivation)는 인간관계를 중요하게 생각하고, 사회적인 행동을 유발하는 사회적 동기 중 하나로, 자발적으로 다른 사람과 관계를 맺는 행동을 일으키는 내적인 요인이다.

예시1은 설명을 먼저 하고 가능한 어려운 단어를 빼고 맨 마지막에 '친애동기'라는 전문 용어를 말했다. 반면 예시2는 어려운 전문 용어를 먼저 말하고, 설명을 뒤에 한 경우다. 예시2는 순서도 순서지만 쉽게 풀어 이야기할 수 있는 부분까지 어렵게 이야기했다. 어떤 예시가 편안한지는 굳이 이야기하지 않아도 알 수 있을 것이다.

자랑을 늘어놓을수록
외로워진다

　우리나라 사람들에게 가장 좋아하는 진행자를 물으면 열에 다섯 이상은 아마 '유○○'을 꼽을 것이다. 팬 층도 두텁고, 그를 '유느님'이라 부를 정도로 열렬히 좋아하는 팬들도 많다.
　나 또한 그 진행자를 참 좋아한다. 왜냐고? 일단 보기에 편하다. 지나친 과장이나 억지스러움이 없어 편하게 볼 수 있다. 자꾸 보아도 불편함이 없으니 자주 보게 되고, 자주 보면 정이 쌓여 친근해지고, 친근하니 더욱 부담 없어 좋아진다.
　그 분의 장점이라면 물론 편안하고 유쾌한 진행도 있겠지만, 많은 사람이 겸손함을 꼽는다. 하지만 처음부터 겸손했던 것은 아니었던 것 같다. 어느 매체였는지는 정확하지 않은데, 그가 신인시절에는 좀 거만

했다는 기사를 접한 적이 있다. 데뷔한 지 얼마 안 돼 인기를 얻어서인지 겸손하지 못했고, 그 인기가 지속될 것이라 자만했던 모양이다. 하지만 인기는 금방 식었고, 이후 그는 꽤 오랜 시간 무명의 서러움을 견뎌야 했다고 한다.

그 어려웠던 시절, 그는 인기 절정의 연예인들을 보고 크게 깨달은 바가 있었다고 한다. 신인 시절엔 더없이 겸손했던 사람들이 인기를 얻을수록 거만해지는 모습을 보면서, 내가 저 자리에 올라가면 난 절대 겸손함을 잃지 않을 것이라 다짐했단다.

그는 자신과의 약속을 지켰다. 인기가 올라갈수록 그는 더욱 겸손해졌고, 그래서인지 그에게선 웃기기 위해 상대를 깎아 내리는 무례함이나 오만함을 보기 힘들다. 오히려 같이 진행하는 후배들을 배려하고, 초대 손님을 깍듯이 존중하는 모습이다. 그래도 그의 말은 충분히 재미있고, 담백하면서도 진솔하다. 아마도 인기 절정에 있으면서도 여전히 초심을 잃지 않고 겸손하기에 오늘날까지 안티 하나 없이 많은 사람으로부터 사랑을 받는 것 같다.

반면 아무리 겉모습이 그럴싸해도 입만 열면 자랑질하는 사람은 아무래도 환영받기 어렵다. 내 동창 중에도 그런 사람이 있다. 그는 우리 모두가 자랑스러워 할 만큼 매우 잘 컸다. 어릴 땐 그 친구가 그렇게까지 공부를 잘했었는지 몰랐는데, 나이 지긋이 먹고 다시 만났을 때는 의사가 되어있었다.

10년 전 밴드가 한창 유행이었던 무렵 초등학교 같은 반이었던 친구들이 밴드를 만들었다. 한 명, 두 명 모이더니 어느새 30명가량 모였다. 당시 한 반에 80명 내외였으니 제법 많은 친구들이 모인 셈이다. 사업하는 친구, 교수가 된 친구, 외국계 회사에 다니는 친구, 간호사가 된 친구, 직장을 그만둔 친구, 호텔리어에 의사까지 친구들의 직업은 다양했다.

첫 모임은 훈훈했다. 친구들은 각자 서로 다른 인생을 살았던 30년이라는 긴 시간을 어떻게 지냈는지 안부를 묻기에 바빴다. 아이가 몇이냐, 어디에 사느냐, 결혼은 언제 했느냐와 같은 사소한 이야기들이 오고 갔고, 서로 나이 드는 것을 안타까워하며 위로하고 응원하는 훈훈한 장이었다.

그렇게 따뜻할 것만 같았던 모임의 장이 어느 날부턴가 서늘해지기 시작했다. 의사가 된 동창 친구가 때와 상황을 무시하고 입만 열면 자랑질을 했기 때문이다. 그 친구의 자랑질은 숨 쉴 때마저 묻어 나왔다.

"병원이 안성이면 집도 안성이겠구나?"

"어, 직장 근처에 조그마한 집이 있고, 주말엔 이촌동 집이나 대치동에 주로 있고, 애들 국제 학교 등교 때문에 송도 신도시에도 거주한다. 주중엔 정신없지."

"와~ 집이 몇 채야? 부럽다."

성격 좋은 친구들이 댓글을 달았다 처음엔 옛정을 생각해서 댓글을 달아주던 친구들도 틈만 나면 자랑질을 하는데 지쳐 한 명 두 명 줄어들었다.

'요즘 공기가 안 좋네. 친구들 마스크 쓰고 다니시게'라는 친구의 글에 의사 친구가 댓글을 달았다

'먹고 살기에만 급급하던 기존 세대에 항거한 1968년도 프랑스 68혁명이라도 일어나야 할 듯……'

프랑스 혁명과 미세먼지가 무슨 관계인지 모르겠지만 자신의 유식함을 자랑하는 것인지는 단박에 알겠다. 그의 자랑질은 소재도 다양하다. '진료 중에 기침을 몇 번 했더니 다음날 환자가 마스크를 선물했네. 그것도 왕창…'이란 문구와 함께 몇 십 개나 되는 다양한 마스크 사진을 같이 올렸다. '필요한 사람은 얘기해라'라고 했지만 누구도 마스크를 보내 줄 거라 생각하지 않았다. '오늘 날씨 좋네'하면서 올린 정원 사진엔 파라솔 테이블 위에 올라와 있는 수백 만 원짜리 명품 커피 잔이 눈에 들어온다.

그가 올린 자랑질은 끝도 없다. 처음에는 친구들이 의사 친구 자랑질을 못 견뎌할 때 '그럴 수 있지, 암 그럴 수 있어~' 스스로를 세뇌하며 인내해보려고도 했다. 하지만 결국 나도 두 손을 들었다.

더 이상 어느 누구도 그 친구의 글에 댓글을 달지 않았고, 맛없는 집은 문을 닫듯이 스스로 탈퇴를 하고 떠났다. 떠나고 나니 안쓰럽다. 그 친구 점점 외로워질 텐데 어쩌나~.

SNS로 자랑질이 난무하는 시대에 살고 있지만 지나친 자랑질은 스스로를 고립시킨다. 외로운데 주변에 함께 할 친구가 없다면, 기껏 친구가 되었는데 왠지 나를 불편해하는 것 같으면 혹시 나도 모르게 자랑질을 하고 있지는 않은지 돌아볼 일이다.

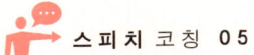 스피치 코칭 05

자랑만 늘어놓는 사람의
진짜 속마음

주위에 한 명쯤은 자기자랑만 늘어놓는 사람이 있다. 자기 자랑은 왜 하는 것일까? 자랑은 현재 자신을 과시하고 싶은 '자기현시욕'에서 나온다. 내용보다 포장을 중시하거나 월세 살면서 비싼 외제차를 타고 싶어 하는 것도 이와 비슷하다.

하지만 좀 더 깊숙이 들어가면 자랑의 다른 모습이 보인다. 의외로 입만 열면 자랑하는 사람들은 자존감이 낮고 수치심을 많이 느낀다. 아주 깊은 마음속에서 현재의 자신을 저평가하고 있기 때문에 그런 자신의 마음을 들킬까봐 반대로 마치 모든 것이 다 잘되고 좋은 것처럼 보이고 싶어 하는 것이다. 스스로를 부끄러워하는 마음이 크다 보니 오히려 자랑을 과하게 하며 자기를 방어하는 모습이다.

자존감이 낮아 스스로를 인정하고 사랑하지 못하면 다른 사람에게 더 의존하게 된다. 다른 사람에게 잘난 사람으로 인정받고 싶은 욕구가 크다 보니 자꾸 자랑하고 과시하고, 때로는 거짓말로 이어지기도 한다.

안타까운 것은 타인의 인정이나 시선을 통해 자존감을 채우려는 감정이 자신을 행복하게 만드는 데 도움이 되지 않는다는 것이다. 게다가 주변 사람들까지 떠나게 만들어 결국 외톨이가 된다.

자기 얘기만 하는 사람을 처음 볼 때는 부러운 마음도 들고, 자신감과 자존감이 높아 보일 수 있다. 하지만 정말 자존감이 높고 마음이 건강한 사람은 자신을 자랑하며 뽐내지 않는다. 자꾸 자랑하고 싶고, 실제로 자랑을 많이 한다면 스스로를 돌아봐야 한다. 타인의 인정을 갈구하기 전에 먼저 자신을 인정하고 사랑하려는 노력을 해야 부질없는 자랑질을 멈출 수 있다.

2장

입을 열게 하는 말 vs 입을 닫게 하는 말

말을 뺏으면,
상대는 마음을 닫는다

　난 모임이 좀 많은 편이다. 친구도 많은 편이다. 인간관계가 좋아서라기보다는 일의 특성상 새로운 사람을 만날 일이 많고, 사회생활을 오래 했기 때문일 것이다.
　그 많은 모임과 만남이 늘 즐거운 것만은 아니다. 때론 즐거우려고 나갔던 모임에서 너무 피곤해져, 집에 돌아오면 이불 속으로 기어들어가 단 10분이라도 눈을 붙여야만 하는 경우도 있다. 그런 모임, 그런 만남이 있지 않은가? 돌아오면 녹초가 되어서 아무것도 못하겠고, 뭔가 할 힘도 기력도 없는…….
　도대체 얼마나 신나게 떠들었기에, 얼마나 말을 많이 했기에 기력이 달리고 피곤하냐고 생각하겠지만 의외로 그 반대의 경우다. 때론 말을 하는 것보다 듣는 게 더 힘이 들 때가 있다.

나는 말을 하는 것보다 듣는 걸 더 좋아하는 사람이라고 생각한다. 하지만 몇몇 사람이 대화의 80퍼센트 이상을 주도하는 모임에 가면 내가 정말 듣는 걸 좋아하나 의구심이 든다. 끝도 없이 이어지는 수다를 듣는 게 너무 힘들다.

사람들은 대부분 자기 얘기하기를 좋아한다. 그리고 남들도 자신의 얘기를 좋아한다고 착각하는 사람이 많은 것 같다. 그래서 많은 사람이 자기 인생을 글로 쓰면 베스트셀러가 되고도 남는다고 생각한다. 내 말을 남들도 다 재밌어 하고, 관심 있어 할 것이라 착각하는 사람들의 병세는 나이가 들수록 점점 심해진다는 특징이 있다. 그래서 그들과의 만남은 시간이 갈수록 피곤해진다.

그들의 특징을 보면, 모든 대화의 주제를 가로챈다. 남의 얘기가 어느새 자기 얘기로 바뀐다.

"우리 엄마 건강이 점점 안 좋아지셔서 걱정이야……."

이 얘기 속엔 '그래서 내가 슬퍼, 힘들어. 그러니 나를 좀 위로해줘, 나의 속상함을 좀 들어줘'라는 속내가 들어 있다. 그러나 언제든 말할 준비가 되어있는 사람들은 거침없이 이야기한다.

"우리 아빠도 아프셨잖아. 정말 그때 나도 몸도 힘들지만 마음이 더 힘들더라고. 그렇게 힘든데 남편은 나 몰라라야, 맨날 술 마시고 늦게 들어오고, 어제도 새벽에 들어온 것 같아. 요즘엔 기다리지도 않고 그냥 먼저 자버려. 그 인간 들어오거나 말거나. 그래도 요즘 애들이 컸다고 나 대신 애들이 지 아빠한테 잔소리하는 거 있지? 호호호~"

"딸 키운 보람 있네~"

"아휴 우리 큰 딸이 살이 쪄서 큰일이야. 나는 안 그런데 지 아빠 쪽이지 뭐. 난 애가 타서 미치겠는데, 걘 왜 이렇게 천하태평인지……, 우리 동네에 사는 언니 딸래미는 운동하고 식이 요법해서 한 달 만에 8kg를 뺐다는데, 근데 난 애 굶기는 건 못하겠더라."

나의 슬픔은 어느새 다이어트로 바뀌었다. 난 누군지도 모르는 그 친구 동네 언니의 딸래미 소식까지도 들어야 한다. 나는 나의 슬픔을, 걱정을, 고민을 얘기하려다 그냥 입을 다문다. 그 얘기를 꺼냈다가는 그 친구 주변사람들의 근황을 다 들어야만 할 것 같아서이다. 피곤하다. 그 피곤함이 싫어서 난 더 이상의 새로운 주제를 절대 꺼내지 않고 입을 꾹 다문다. 그냥 그녀의 수다가 빨리 끝나기를 바라면서 "응응" 영혼 없이 응대한다. 그렇게 그녀의 쉴 새 없는 수다를 듣고 돌아오는 길은 늘 피곤하다.

이런 수다쟁이의 특징은 '나', '내', '우리'라는 말을 자주 사용하는 것이다. 그리고는 다른 사람의 말을 낚아채 자기의 이야기로 전환시키는 재주가 아주 뛰어나다. 그리고 자기만 재밌는 자기만의 이야기를 장황하게 늘어놓는다. 덕분에 의도치 않게 나는 그녀의 자식들과 동서, 얼굴도 모르는 그녀의 친구와 동네 언니들 그리고 동네 언니들의 자식들 근황까지도 알게 된다. 내가 왜 얼굴도 모르는 동네 언니의 자식들까지 알아야 하는 건지 모르겠다. 수다 떠는 한두 시간이 아깝다.

혹시 누군가 자기 얘기를 별로 하지 않고 있다면, 혹시 내 말이 지나치게 많지 않은지 생각해 보라. 시간은 유한한데, 나의 말이 길어지면 상대의 말은 짧아질 수밖에 없다. 수다쟁이는 상대의 입을 닫게 한다.

이건 좀 다른 얘길 수 있겠지만 어린 시절 엄마와의 대화도 그랬던 것 같다. 고등학교 시절 친구들이 다 신고 있는 ○○○운동화가 신고 싶어서, 그 운동화 좀 사달라고 하면, 엄마는 단박에 "안 돼, 돈 없어"라고 말했다. 그 말을 듣고도 또 조르면 엄마의 어린 시절 고생했던 얘기를 듣고 또 들어야 했다.

"내가 너 나이 때는 밭에 나가서……"

이렇게 시작되는 어린 시절 고생했던 이야기는 1절을 넘어 3절로 향해 간다. 끝까지 듣기 피곤해진 나는 "아 됐어~~~!!!!" 신경질적으로 말하며 문을 쾅 닫고 내 방으로 들어가 버린다. 그리곤 서운한 마음에 며칠은 입을 꾹 다문다.

혹시 내 아이가, 나의 소중한 친구가, 사랑하는 사람이 입을 다물고 있다면, 혹시 상대의 말을 내가 빼앗은 건 아닌지 생각해 볼일이다. 그것이 손에 잡히는 물건이 아니더라도 뺏긴 사람은 그 서운함이 오래 남을 수 있다. 말을 빼앗는 것은 상대가 맛있는 음식을 입 속으로 쏘옥 넣으려는데, 확 낚아채 내 입 속으로 넣는 것과 같다. 얼마나 얄미운가?

상대의 마음을 얻고 싶다면 내 말을 줄이고, 상대방의 말을 더 많이 들어야 한다. 그런데 모처럼 상대방이 입을 열었는데, 그 말마저 빼앗는다면 상대방은 굳게 입을 다물 것이다. 상대의 입을 열어야 마음도 열 수 있다.

스피치 코칭 06

말을 뺏는 사람들의 5가지 유형

대화를 할 때 상대방의 말을 뺏는 사람이 많다. 상대방의 이야기가 채 끝나기 전에 자기 이야기를 하는 것만 말을 뺏는 게 아니다. 상대방 이야기에 처음에는 공감하는 척하다가 결국 자기 이야기를 하는 것도 흔히 볼 수 있는 말을 뺏는 패턴이다.

자기 말만 하는 수다쟁이는 5가지 유형으로 구분할 수 있다. 이런 수다쟁이 유형을 알면 그들을 만났을 때 어떻게 대처해야 하는지도 알 수 있어 대화가 덜 피곤하다.

1. 속사포형

침묵을 두려워하는 유형으로 끝없이 자신의 이야기를 하는 속사포형이 있다. 이 유형과 함께라면 내 이야기를 절대 할 수 없다고 생각하는 것이 정신건강에 좋다. 가끔 사람은 그리운데, 말하고 싶지는 않고 누군가 정신없이 떠드는 것을 듣고 싶을 때 만나면 좋은 유형이다.

2. 유아독존형

두 번째는 말을 하면 모두 자기 자랑인 유아독존형으로 자신이 제일 잘나가고 자신의 말은 무조건 옳다고 생각하는 유형이다. 게다가 유아독존 형은 끊임없는 리액션을 원한다. 만약 에너지가 남아돌아서 누군가에게 나눠주고 싶다면 이런 유형의 사람과 함께 하면 된다. 주의할 점은 생각보다 에너지가 금방 바닥난다는 것이다.

3. 세상 비관형

세 번째 유형은 세상 비관형이다. 유아독존형과는 정 반대이지만 결과는 비슷하다. 처음에는 겸손한 것처럼 보이지만 함께 있으면 왠지 모르게 기운이 빠진다. 모든 말을 비관적이고 부정적으로 받아들이기 때문이다. 이들은 위로나 칭찬을 받아도 끝까지 부정하는 의외로 고집 있는 유형이다. 당신의 에너지가 세상 비관형의 부정적인 에너지를 덮을 만큼 강하지 않다면 피하는 것이 좋다.

4. 엄살형

네 번째 유형은 엄살형이다. 나만 아프고, 나만 힘들고, 온갖 괴로움은 다 내 차지다. "너도 그렇겠지만", "너도 알겠지만"이라는 말을 자주 사용하기 때문에 공감을 잘하는 것 같아 보인다. 하지만 공감하는 것이 아니라 자신의 말을 시작하기 위한 추임새일 뿐이다. '나는 꽤 괜찮은 거구나'라고 웃어넘길 수 있다면 만날 수 있는 유형이다.

5. '나야 나'형

다섯 번째는 '나야 나' 유형이다. 이런 유형은 자신을 지칭하는 언어를 많이 사용한다. 애교스럽고 자기중심적이라 아이 같은 성인을 만나고 싶다면 이 유형을 만나면 좋다.

대화에도 밀당이 필요하다

　내가 쇼호스트를 시작한 20여 년 전에 비하면 지금 쇼호스트라는 직업은 젊은 여성뿐만이 아니라 남성들도 선호하는 직업이 되었다. 연예인이나 방송인에 비해서도 뒤지지 않을 만큼 인기가 많아졌다.

　처음 만나는 사람에게 쇼호스트라고 소개하면, "많이 팔면 많이 벌어요?"라는 질문 못지않게 "정말 대본이 없어요? 대본도 없는데 어쩜 그렇게 말을 잘해요? 어떻게 그렇게 다 외워요?"라는 질문을 많이 받는다. 내가 봐도 말 못하는 쇼호스트가 없는 것 같다. 어쩜 그렇게 청산유수 쉼 없이 이야기할 수 있는지 같은 쇼호스트인 나조차도 새삼 놀랄 때가 있다.

　재밌는 것은 쇼호스트의 화법도 고객들의 니즈에 맞게 바뀌고 있다는 것이다. 10년 전만 해도 그야 말로 쉼 없이 청산유수로 말해야 잘한다는 소리를 들었다. 말을 하다 말고 '어~' 혹은 '아~'하면서 말을 잇지 못하면 실력이 떨어지는 쇼호스트라는 취급을 당했다.

생각해 보면 그때 쇼호스트가 말하는 방식은 대화의 말이라기보다는 웅변의 말이었던 것 같다. 상대가 듣든지 말든지 '난 떠들 테니 너는 들어라~'는 식의 화법이었다. 그러나 언제부터인지 정확히 선을 그을 수는 없지만 지금 쇼호스트들의 화법은 웅변식이 아닌 대화식, 공감식으로 바뀌었다.

하지만 지금도 여전히 웅변식 화법으로 방송하는 쇼호스트들이 있다. 그들의 방송을 듣고 보고 있으면 귀가 피곤해진다. 시끄럽다. 쉼 없이 쏟아내는 말을 듣다 보면 내 호흡도 가빠진다. 숨은 쉬는 건지 불안해서 오래 보기 힘들다.

같이 방송에 들어간 파트너가 그렇게 웅변식 말을 할 때가 있다. '따다다다' 카메라를 보면서 막 떠들어대는데 바로 옆에서 듣는 나도 무슨 말을 하는지 모르겠다. 이쪽 귀로 들어와서 저쪽 귀로 나간다. 뭐라는 건지 도통 모르겠다. 많은 양의 말을 쏟아내는데, 꽂히는 말이 없다.

대화의 스킬은 연애의 스킬과 닮아있다. 연애를 잘하려면 밀당을 잘해야 한다고 했던가? 상대가 좋다고 죽자고 따라다니고 덤비기만 하면 이유 없이 도망가고 싶어진다.

대화도 마찬가지다. '따다다다~' 쏟아내기만 하면 그것이 비록 상대를 위한 좋은 마음에서 하는 좋은 얘기라 해도 듣다가 지쳐 도망가기 마련이다. 아무리 좋은 이야기라도 어느 순간 "아 듣기 싫어 아 피곤해~"라는 마음이 절로 들어 그 자리를 떠나고 싶어진다.

잘해주는가 싶다가 쿨한 듯도 하고, 다가서는가 싶다가 멀어지는 것 같기도 하듯, 우리의 대화도 밀당이 필요하다. 사실 밀어내기보다 당기기가 어렵다. 나의 이야기 속에 자연스럽게 상대를 끌어들일 수 있는 좋은 방법은 바로 질문이다.

난 방송에서도 질문 화법을 많이 쓴다. 같은 내용이라도 그냥 서술형으로 이야기했을 때와 질문형으로 말했을 때 느낌이 다르다. 예를 들어 침대를 서술형으로 소개한다고 가정해보자.

"잠자리가 불편하면 뒤척이고 아무래도 잠자는 시간이 줄어들고 잠의 질도 떨어집니다. 그래서 우리는 큰돈을 들여 침대를 바꾸기도 하죠. 의자가 불편하면 의자에 앉아 있는 시간이 줄어들고 집중력도 떨어지게 마련입니다. 하루에 10분씩만 더 앉아있으면 10일면 100분, 한 달이면 300분, 1년이면 3,650분이죠. 의자는 당신 아이의 인생을 바꾸기에 충분합니다. 가격은……"

좋은 내용이지만 혼자 '따다다다' 빠른 속도로 쉼 없이 떠들었다면, 그리 많은 말이 귀에 꽂히지 않을 것이다. 같은 내용을 질문 화법으로 바꿔 보자.

"잠자리가 불편하면 이리저리 뒤척이고 잠자는 시간도 줄어들고 잠의 질도 떨어지겠죠? 그래서 어떻게 하시나요? 몇 십, 몇 백만 원 아깝다 안 하고 좋은 매트리스, 좋은 침대 바꾸는데 마다하지 않으시죠? 왜? 보다 더 건강한 삶을 위해~

의자는요? 역시 불편하면 오래 앉아있기 힘들고 집중력도 떨어지겠죠. 하루에 10분만 더 앉아 공부한다면 열흘이면 100분이죠? 한 달이면? 1년 356일이면 몇 분인가요? 3,650분. 편안한 의자는 당신 아이의 인생을 바꾸기에 충분합니다. 가격은?……."

같은 내용이다. 대화 중간에 질문을 넣었느냐 넣지 않았느냐만 다를 뿐인데 읽어가면서 느낌이 좀 달랐을 것이다. 앞 문장의 대화법보다 질문을 섞은 뒤의 대화법이 왠지 귀에 착착 감기지 않는가?

사람들은 대부분 질문을 받으면 자신도 모르게 답을 하려고 한다. 답을 생각하면서 자연스럽게 그 대화에 동참하게 되는 것이다. 그래서 어느새 저 사람만의 얘기, 나랑 상관없는 남의 얘기가 아닌, 우리의 얘기가 되는 것이다. 자연스럽게 공감하고 동참하게 된다.

학창 시절 수업 시간도 그랬던 것 같다. 질문 없이 내용만 읽듯이 수업을 하는 시간은 수업 시간 내내 졸거나 딴 짓을 일삼았다. 그런데 뜬금없이 수업 중에 "어디 보자~ 오늘이 며칠이지? 8일? 18번 일어나서 대답해봐." 기습 질문을 잘하는 선생님의 수업은 언제나 긴장하며 들었던 것 같다.

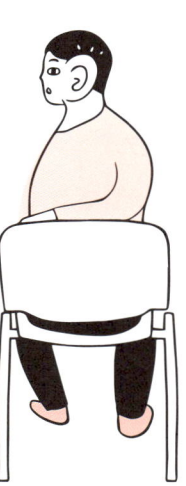

내가 좋아하는 명강사 두 분이 있다. 말을 아주 차지게, 맛있게 한다. 1시간이 10분처럼 여겨진다. 1초도 지루함이 없다. 강의 내내 쏙 빠져든다. 그 두 분 역시 청중들을 향해 질문을 수시로 던진다.

"그래유 안 그래유?"

"그렇지 않나요?"

"이렇죠?"

"그렇죠?"

동영상으로 혼자 보면서도 나도 모르게 질문에 답을 하며 서서히 물아일체가 된다. 쏟아내면 도망간다. 질문으로 당겨라. 자연스럽게 상대를 대화 속으로 끌어들이는 아주 좋은 방법이다.

스피치 코칭 07

오픈형 질문 vs 폐쇄형 질문

강의도 일종의 대화다. 강의를 하는 사람과 듣는 사람의 호흡이 잘 맞으면 시간 가는 줄 모르고 신이 난다. 물론 비우호적인 청중을 만날 때도 있다. 약속이라도 한 듯이 모두 팔짱을 끼거나 근엄한 표정을 짓는데, 이런 청중은 '어디 한 번 해봐. 강의를 잘하는지 두고 보겠어.'라고 말하는 것 같다.

이런 방어적인 청중들을 상대로 강의를 하기란 쉬운 일이 아니다. 어떻게 해야 그런 무거운 분위기를 자연스럽게 풀 수 있을지 참 많은 고민을 했다. 고민 끝에 찾은 답은 '질문'이다.

사람은 질문을 받으면 답을 생각한다. 답을 말이나 행동으로 표현하는 사람도 있고, 생각만 하는 사람도 있을 뿐이다. 어떤 형태로 표현하든 사람은 질문을 받으면 답을 생각한다.

질문은 듣는 사람이 자연스럽게 상황에 동참하게 하고 심리적인 반발의 크기를 줄인다. 지시나 명령에는 심리적인 반발이 크지만 부탁이나 권유는 마음이 누그러지는 것과 같은 이유다.

왜 질문이 부탁이나 권유를 받을 때와 비슷하게 여겨지는 것일까?

같은 내용의 말이라도 질문으로 바꾸면 선택지가 생겨 스스로 선택하는 자기 결정권과 자율성이 높아지기 때문이다. 심리적인 반발은 설득하는 입장에서 커다란 장해물이 되는데 대체로 메시지 자체를 무시하거나 설득하려는 사람을 깎아내리는 등의 행동으로 표현된다. 이것들은 모두 자기 결정권을 회복하려는 행동이다.

그럼 어떻게 질문해야 할까? 질문은 크게 오픈형과 폐쇄형으로 나눈다. 오픈형 질문은 답변의 선택지가 여러 가지로 오픈되어 있는 것이고, 폐쇄형 질문은 네, 아니오 혹은 둘 중 하나를 선택하는 것이다.

흔히 어색한 관계를 부드럽게 만들기 위한 질문으로 오픈형 질문이 더 효과가 있다고 생각하는데 이는 단어의 의미에서 받아들인 이미지일 뿐, 효과적인 질문은 상황에 따라 다르다.

발표나 강의처럼 1대 다수의 대화나 1대1의 대화라도 친근한 사이가 아니라면 이야기를 시작할 때 폐쇄형 질문을 하는 게 좋다. 아직 상대가 마음을 열지 않은 상태이기 때문에 생각할 시간을 길게 주지 않아도 되는 폐쇄형 질문이 상대의 반응을 빠르게 끌어낼 수 있기 때문이다. 그렇게 되면 대화에 속도가 붙고, 그 속도감이 대화의 집중력을 높여준다. 쌍방향으로 소통하는 느낌을 주는 것이다. 이 때 질문은 긍정의 대답을 유도하는 것이 좋다.

오픈형 질문은 상대에게 생각할 시간이 필요하다. 단순한 문답이 아니라 좀 더 심도 깊은 대화를 하고 싶다면 오픈형 질문을 하는 것이 좋다.

하지만 오픈형 질문은 미처 충분히 생각을 하지 못한 사람들에게는 심적으로 부담을 줄 수 있기 때문에 대화 초반보다는 후반에 하는 것이 더 효과적이다. 강연이나 발표를 할 때 생각과 여운을 남기고 싶다면 강연 후반에 오픈형 질문을 하는 것이 좋다.

오픈형 질문의 예시	폐쇄형 질문의 예시
오늘 점심 뭐 드셨어요?	점심 식사하셨어요?
어떤 커피 좋아하세요?	커피 좋아하세요?
스마트폰을 왜 사용하세요?	다들 스마트폰 쓰시죠?
○○제품을 어떻게 사용하고 계세요?	○○제품 사용하고 계세요?
이번 여름휴가는 어디로 가시나요?	여름휴가 계획 세우셨어요?

감탄사의 달인, 허수경

사람은 크게 말하기를 좋아하는 사람과 말하는 것을 별로 좋아하지 않는 사람 두 부류가 있다. 우린 전자를 수다쟁이라 하고 후자를 과묵한 사람이라고 한다. 수다쟁이는 때론 시끄럽고 피곤하고, 과묵한 사람은 재미없고 따분하다. 역시 적당하고 적절한 것이 좋다. 수다쟁이는 말을 좀 줄여야 좋고 과묵한 사람은 말을 좀 늘리는 게 좋다.

하지만 말버릇도 습관인지라 쉽게 바뀌지 않는다. 나는 말하는 업을 갖고 있지만 말하기를 그리 좋아하지 않는다. 물론 사람들과 함께 하는 것은 좋아한다. 많은 말을 하지 않으면서 대화에 쉽게 동참하고, 함께하는 시간이 즐거운 이유는 내가 애용하는 감탄사 덕분이다. '와~', '우와', '어머머', '어머나', '앗!!!' '으응~~~', '에에~~?' 등의 감탄사는 대화에 윤활유와 같은 역할을 한다. 짧지만 대화를 생기 있게 만든다.

감탄사의 힘을 크게 깨달은 것은 전문 MC로 데뷔해서 얼마 안 되었을 때이다. 3명의 여자 동기가 각자의 프로그램을 맡아 제법 잘 나가고 있을 무렵이었다. 비슷비슷하게 눈에 보이지 않는 경쟁을 하고 있을 때, 동갑이면서 동기인 수경이의 인기가 점점 상승하고 있었다. 그녀가 맡아서 했던 코너가 많은 사람의 사랑을 받았다. 서민들의 집을 고쳐주면서 '이랬던 집이 이렇게 바뀌었습니다.'라고 말하는 코너였다.

그 코너에서 수경이는 가장 돋보였다. 지금도 나는 그 프로그램이 수경이의 인생 프로그램이라 생각한다. 난 질투 반 부러움 반으로 그 프로그램을 열심히 모니터했었다. 지금이야 예능 프로그램이 거의 대부분 애드리브에 의존한다지만, 25~30년 전만 해도 거의 100퍼센트 대본대로 방송했다. 그래서 수경이가 그저 운이 좋아서, 프로그램을 잘 맡아서 인기를 얻는다고 생각했다. 능력이 아닌 운이 따라주었다고 생각하니 더더욱 부러웠고, 질투가 나기도 했다.

그런데 시샘하면 할수록, 질투심이 불탈수록 수경이의 인기는 점점 더 높아졌다. 심지어 우리 집에 놀러 오신 이모님들마저 "어쩜 걔는 진행을 그리 잘하니?", "애가 아주 싹싹하고~ 생글 생글거리면서 말을 어찌나 잘하는지"라며 수경이를 칭찬했다.

지금이야 "그렇죠? 저 걔랑 친해요~" 할 여유가 있지만, 방송에 갓

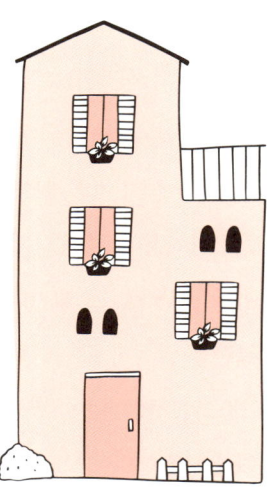

입문한 어린 나이의 나에겐 그럴 여유가 아쉽게도 없었다. 수경이보다 방송을 잘하고 싶어 더욱 열심히 모니터를 했던 기억이 난다. 그리고도 한참 뒤에나 수경이가 사랑 받는 이유를 겨우 알아냈다.

수경이가 맡았던 코너에 할당된 시간은 15분 내외였을 것이다. 러브하우스 음악이 흐르고 성우의 내레이션도 있고, 그날 주인공의 인터뷰도 들어가야 하니 15분 중 수경이가 멘트를 할 수 있는 시간은 아마 5분이나 되었을까? 그 5분 중 반 정도는 "이렇게 바뀌었습니다~ 짜잔~~", "어머~~~", "와~~", "어머머머", "어떡해 어떡해", "이럴 수가 너무 예뻐요~ 끼악~~" 등의 감탄사였다.

점잖은 사람이 보면 호들갑을 떠는 것처럼 보이기도 했지만 대체적으로 수경이의 감탄사는 억지스럽지 않고 자연스러웠다. 짧지만 강력하게 느낌을 살려주는 수경이의 감탄사는 코너의 분위기는 물론 옆에 있는 인테리어 전문가의 기를 팍팍 살려주기에 충분했다.

한껏 기가 산 인테리어 전문가는 생방송이지만 긴장하지 않고 '여기는 이렇게 바꿨고, 저기는 저렇게 바꿨고'라며 자연스럽게 방송을 만들어 간다. 생방송이라 전문 방송인이 아니라면 긴장되고 얼어서 할 말도 제대로 못할 법도 한데, 수경이 옆에 있는 그 어떤 인테리어 전문가도 긴장하는 법이 없었다.

그렇게 오버장이 수경이의 감탄사는 긴장을 녹이고 상대의 말을 춤추게 만들었다. 수경이의 감탄사는 멋진 춤을 더욱 돋보이게 하는 음악 같았다. 음악 없는 춤을 상상해 보라. 얼마나 건조한가? 수경이의 음악과 인테리어 전문가의 안무가 조화롭게 이루어져 높은 시청률을 만들었던 것이다.

사실 사적인 자리에서 수경이의 감탄사는 다소 과묵했던 내 눈에는 가볍고 때론 경망스러워 보였다. 나는 죽었다 깨도 수경이처럼은 못할 것 같았다. 나와는 매우 다른 친구라 생각했다. 너무 달라서 더 가까워지는 데 한계가 있을 거라 생각했다.

30년 세월이 지난 지금 우리 둘은 많이 닮아 있다. 수경인 대화 속에 감탄사가 조금 줄었고, 나는 많이 늘었다. 그때 모니터를 열심히 했던 덕에 적절한 감탄사는 그 어떤 멋진 단어나 문장보다 더 생생한 감정 표현이 될 수 있다는 것을 알았다. 그 깨달음 이후로 일상 속에서 수경이 식의 감탄사를 조금씩 따라 하고 있었다. 어색했던 감탄사는 점점 익숙해졌고, 말속에 적절히 감탄사를 섞으면 말과 대화가 얼마나 생기가 도는지 종종 확인할 수 있었다.

"오늘 예쁘네"와 "우와~오늘 정말 예쁘네"는 느낌이 많이 다르다. 상대방의 대답도 다를 것이다. 아무래도 감탄사를 화끈하게 사용한 말에 더 크게 반응하기 마련이다. '너무 좋다'와 '어머머 어머~ 너무 좋다'도 전해오는 느낌이 다르다. 상대가 주는 선물을 받고 그냥 "고마워"하기 보단, "우와~ 정말 고마워"라고 한다면, 그 상대가 더욱 기뻐할 것이다. "잘했네~"보다는 "와~정말 잘했네"가 상대의 기를 좀 더 살려 줄 것이다.

　말 재주가 없는 사람도 짧은 감탄사는 마음만 먹으면 쉽게 할 수 있다. 내가 그랬듯이 '우와'가 안 된다면 '와~'라도 연습해보자. 짧은 감탄사는 대화의 천연 조미료와 같다. 아주 적은 양으로 음식의 맛이 확 바뀌듯, 짧지만 당신의 말을 아주 맛깔나게 만들어 줄 것이다.

　아쉽게도 나이가 먹어가면서 감정이 말라가듯 감탄사도 줄어드는 것 같다. 그럴수록 감탄사를 의도적으로 늘려보자. 말하는 당신도 좀 더 신날 것이고, 듣는 이도 좀 더 즐거울 것이다. 적재적소에 적당한 감탄사는 기분을 더 좋게 하고, 대화를 즐겁게 만든다. 이를 깨닫게 해준 친구 수경에게 고마움을 전한다.

　"와우 친구 고마워~"

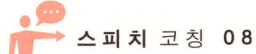 스피치 코칭 08

누구나 좋아하는
리액션의 공통 법칙

상황에 대해 반사적으로 하는 말이나 행동을 '리액션^{Reaction}'이라고 한다. 우리는 이 리액션에 따라 기분이 좋아지기도 하고 나빠지기도 한다. 도대체 왜 리액션에 기분이 좌우되는 것일까?

발달심리학자이자 정신분석가인 에릭 에릭슨$^{Erik\ Erikson}$(1902~1994)의 심리 사회적 발달 이론$^{psychosocial\ development\ theory}$에 따르면 사람들은 다른 사람이 자신의 이야기를 들어주기를 바라는 마음을 가지고 있다고 한다. 모든 인간은 기본적으로 다른 사람과 연결되길 원하는 욕구를 가지고 있기 때문이라는 것이 에릭슨의 주장이다.

상대방과 친밀감 혹은 신뢰 관계를 형성하는 것을 '라포 형성$^{Rapport\ building}$'이라고 부른다. 쉽게 말하면 친해지는 과정이다. 라포 형성을 잘하기 위해서는 '리액션'이 중요하다. 리액션은 언어 외에도 시선, 눈빛, 표정, 눈 마주침$^{eye\ contact}$, 자세, 몸의 방향, 목소리 등을 모두 포함한다.

이런 리액션은 상대방과 상황에 따라 달라져야 한다. 진지하게 리액션을 해야 할 때 박장대소를 하며 웃으면 역효과가 나기 쉽다. 하지만 모든 리액션에는 공통의 법칙이 있다. 어떤 리액션을 하더라도 이 공통 법칙만 잘 숙지하면 된다.

1. 먼저 긍정적인 동작을 한다

박수를 치거나 고개를 끄덕이는 것이 긍정적인 동작에 해당한다. 이런 긍정적인 동작은 상대방의 말을 공감하고 있다는 적극적인 표현이니 말하는 사람의 기분이 좋아질 수밖에 없다. 반대로 고개를 가로젓거나 인상을 찌푸리는 부정적인 동작은 상대방의 마음에 상처를 준다.

2. '음~', '아~', '네~' 같은 짧은 음절의 감탄사를 낸다

긍정적인 동작을 한 다음에는 짧게 감탄사를 내는 것이 좋다. 긍정적인 동작과 함께 감탄사를 뱉어도 좋다. 다만 '네네~', '그래그래~'처럼 같은 단어를 짧게 여러 번 반복하면 듣기 싫다거나 성의 없이 듣는 것으로 보일 수 있다.

맞장구와 딴지 사이

옛말에 유유상종이라는 말이 있다. 끼리끼리 비슷한 사람들끼리 어울린다는 말이다. 아마도 비슷한 사람과 함께 있으면 부딪치는 게 없어 어울리기가 편해 그런 말이 나온 것 같다. 나와 닮은 모습을 보고 편안함을 느끼고, 전혀 다른 것에 불편함을 느끼는 것은 본능에 가까울 것이다. 나와 다르기 때문에 이해하기 어렵고, 다른 것을 틀린 것으로 인식해, 다른 사람이 나쁜 사람이 되기도 한다.

나도 그렇게 편한 사람이 있고 불편한 사람도 있다. 모임도 마찬가지다. 언제나 즐거운 모임이 있는가 하면 어쩔 수없이 가지만 피하고 싶은 모임도 있다. 유유상종인 친구들과의 모임은 늘 떠들썩하다. 뭔가 분위기 자체가 방방 떠있고, 맞장구치며 쳐대는 박수소리가 끊이질 않는다.

"그래그래~ 맞아 맞아~ 너도 그래? 나도 그래. 까르르 깔깔"

맞장구는 공감의 표현이다. 그러니 내 이야기를 공감해주는 맞장구가 많은 대화는 신이 날 수밖에 없다. 5~6시간, 아니 하루 종일 이야기를 나눠도 지치지 않는다.

반면 불편한 모임에는 맞장구는커녕 "그건 아니지~", "아니야~ 그게 아니고……이런 거지 저런 거지"와 같이 매사 나의 말을 부정하고 가르치려고 하는 사람이 대부분이다. 그런 사람과 함께 하는 시간은 긴 시간이 아니어도 피곤하다.

당신은 어느 쪽인가? '맞아 맞아~' 하며 맞장구를 잘 치는 편인가? 아니면 '그건 아니지~ 아니지~' 하며 딴지를 거는 편인가? 이런 말버릇도 습관인지라 당신은 모를 수도 있다.

걸핏 하면 딴지를 거는 말버릇 때문에 크게 손해를 본 동료가 있다. 보통 홈쇼핑에서는 2명의 쇼호스트가 같이 방송을 진행하는 경우가 많다. 가끔씩 함께 들어가는 A라는 동료에게 아주 나쁜 버릇이 있다. 자신의 주장을 펴기 전에 앞서 얘기한 사람의 말을 일단 부정하고 들어가는 버릇이다. 신나게 '이 제품은 이래서 좋고 저래서 좋고'라고 얘기하면 꼭 딴지를 건다.

"아 꼭 그런 건 아니고요."

"꼭 그렇게 볼 수는 없지만요~"

"아 그건 강연희 씨 개인적인 생각인 거고"

이렇게 시작하면서 자신이 이야기를 덧붙인다. 같이 방송할 때마다 날 때린 것도 아닌데 맞은 것처럼 마음이 상한다. 내 말이 모두 부정당하니 기도 죽고, 말할 맛도 안 난다. 그래도 나이도 있고, 동료인데 참아야지 하면서 꾸역꾸역 정말 마지못해 겨우 방송을 마친다.

그러다 어느 날, 방송 중에 욱하고 감정이 솟구쳐서 '그래 내 말은 다 틀리고 네 말만 맞지? 그렇게 잘 나셨으니 너 혼자 떠드세요.'하고 스튜디오 밖으로 나가고 싶었다. 하지만 생방송이니 그럴 수는 없는 노릇이다. 뛰쳐나가지는 않았지만 동료가 하는 말에 별로 반응도 않고, 말도 않고, 있어도 없는 듯 폭발 일보 직전의 감정을 꾸욱 누르고 가까스로 방송을 끝냈다.

그리고는 바로 캐스팅을 하는 담당자에게 올라가 자초지종을 말하고 나랑은 조화가 안 맞는 거 같으니 더 잘 맞는 사람을 캐스팅하라고 부탁했다. 그랬더니 나와 같은 불편함을 호소한 사람이 한둘이 아니란다. '아뿔싸 나만 불편해했던 게 아니구나.'라는 생각이 들자 그 친구가 오히려 걱정되기 시작했다.

많은 사람이 불편해하면 같이 방송할 사람이 줄고, 자연스레 방송도 줄어들 것이다. 그 말버릇 하나 때문에 일이 줄어들고 수입이 줄면 아무래도 예전처럼 살기가 어려워질 수도 있다. 말버릇을 고치기 어렵듯, 이미 늘어난 소비규모와 익숙해진 소비습관을 수입 규모에 맞춰 바꾼다는 것은 쉬운 일이 아니다. 비약 같지만 비약이 아닐 수 있다. 어느새 동료 쇼호스트에 대한 역정은 걱정으로 바뀌었다.

우리 관계도 마찬가지다. 어찌 보면 사소한 말버릇 하나 때문에 불편함을 넘어 원수가 되기도 하고, 만나면 언제나 즐거운 사람이 되기도 한다. 말이 '아' 다르고 '어' 다르다. 같은 내용이라도 조금만 달리 말하면 적어도 상대의 마음을 잃지는 않을 텐데, 자신의 말버릇이 얼마나 다른 사람을 불편하게 만드는지 모르고 딴지를 거는 동료가 안타깝기만 하다.

동료의 경우 "아 뭐 꼭 그렇다고는 할 수 없죠.", "아 그건 아니고요." 식의 전부를 부정하는 말투는 상대를 무시하는 듯 들린다. 무시당하는데 좋아하는 사람이 있겠는가? 무시는 자존심과 자존감을 건드릴 수도 있다. 자존심과 자존감을 건드리면 큰 싸움으로 이어지기 십상이다.

다른 건 다 참아도 자존심을 건드리면 참지 못하는 사람들이 많다. 별 것도 아닌 말투 때문에, 화법 때문에 상대방이 무시했다고 오해해 영영 안 보는 관계가 된다는 것은 참으로 씁쓸한 일이다.

사람은 누구나 인정받기를 원한다. 그래서 부정당하면 내가 옳고 그르고를 생각하기 전에 일단 기분이 나쁘다. 그래서 '맞아 맞아~ 너도 그래 나도 그래~'하면서 맞장구쳐주는 비슷한 사람들과 있을 때 즐겁고 편한지도 모르겠다.

학창시절 교과서에서 읽었던 황희 정승의 일화가 꽤나 깨우침이 있었는지 기억에 남는다. 하루는 어린 종 둘이 다투다가 일을 마치고 돌아오던 황희와 마주쳤다. 그중 하나가 상대방이 잘못해서 싸움이 벌어졌다고 일렀다. 어린 종에게서 자초지종을 다 들은 황희는 다독이며 말했다.

"그래 네 말이 옳구나."

그러자 다른 종은 주인이 상대의 편을 드는 줄 알고 변명을 늘어놓았다. 황희는 그 말을 다 듣고 나서 이렇게 말했다.

"그렇다면 네 말도 맞구나."

그리고 둘을 타일러 돌려보냈다. 이때 방 안에서 지켜보고 있던 그의 부인이 한마디 했다.

"아니, 대감께서는 이놈도 옳다, 저놈도 옳다 하십니까? 옳고 그름을 확실히 밝혀주어야 하지 않겠습니까? 한 나라의 정승께서 그리도 사리가 분명치 않으면 어떻게 합니까?"

그러자 황희는 웃으며 말했다.

"맞소, 부인 말씀도 참으로 맞소."

이에 그만 부인도 어이가 없어 웃고 말았다.

여러 임금을 섬겼던 명재상으로 이름난 황희는 공적인 일에는 엄격했으나 개인적으로는 온화하고 자상한 분이었다고 한다. 집에서 부리는 어린 종이라 할지라도 마음을 상하게 하지 않으려 배려했던 것이다.

지식을 논하고 옳고 그름을 걸러야 하는 일이 아니라면, 설령 줏대 없어 보이더라도 나 또한 황희 정승처럼 '네 말도 옳고 네 말도 맞고, 너도 옳구나' 하며 맞장구쳐주고 싶다. 상대의 이야기를 정성껏 듣고, '그래~그래~', '맞아 맞아~' 끄덕 끄덕 상대의 소중함을 인정해주고 싶다.

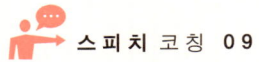 스피치 코칭 09

상대방에게 나를 맞추는 페이싱 기법

즐겁게 대화하고 서로 신뢰를 쌓기 위해서는 상대방의 말을 경청하며 공감해주는 것이 중요하다. 적극적으로 공감을 표현하는 소통 방법으로 '페이싱pacing 기법'이 있다.

페이싱 기법은 언어, 말투, 행동 등 다양한 요소를 상대방에게 맞추면서 소통하는 화법이다. 사람은 자기와 다른 사람에게 호감을 느끼기도 하지만 기본적으로 자기와 닮은 사람에게 편안함을 느끼며 안심한다. 그래서 상대방에게 맞추면서 소통하면 상대는 나에게 마음을 쉽게 열고 친밀함을 느낀다.

페이싱 방법은 다양하다. 상대방의 언어에 내 언어를 맞출 수도 있고, 상대방의 행동에 나를 맞출 수도 있다. 일상에서 쉽게 적용할 수 있는 페이싱 기법은 다음과 같다.

1. 상대방의 말을 같은 말로 받아준다

언어는 뇌의 신경체계와 밀접하게 연결되어 서로 영향을 주고받는다. 여기서 언어는 말뿐만 아니라 오감을 통해 경험하는 모든 것을 의미한다. 우리가 사용하는 언어는 뇌의 신경체계에 전달되어 프로그래밍 과정을 거쳐 생각과 행동에 영향을 미치는데, 이를 신경 언어 프로그래밍^{Neuro-linguistic Programming}이라고 한다.

이처럼 말은 생각과 감정, 행동으로 연결되기 때문에 상대방의 말과 나의 말을 맞추면 친밀함을 느낀다. 상대방의 말을 똑같이 따라 하기만 해도 상대방은 자신의 말을 경청하고 공감한다는 느낌을 받는다.

"이러저러해서 깜짝 놀랐잖아" → "진짜???!!~~완전 놀랐겠다."
"늦잠 자서 지각했어." → "지각했어? 어떡해~~"
"재미있었어." → "진짜 재미있었겠다.~"

다만 말을 따라할 때 너무 자주 따라하거나 상대방이 말한 문장을 똑같이 말하면 대화의 흐름이 끊기기 쉽고, 귀 기울여 듣지 않는다는 의심을 살 수도 있다. 가장 좋은 방법은 상대방이 말한 단어를 사용하되 여기에 자신의 반응을 추가하는 것이다.

	말 받아주기의 나쁜 예	말 받아주기의 좋은 예
~해서 깜짝 놀랐잖아	왜?	진짜? 완전 놀랐겠다. 괜찮아? 진짜? 그렇게 놀랐어? 왜?
늦잠 자서 지각했어	왜 늦잠 잤냐?	지각했어? 어떡해~~ 어떡해~ 지각해서 속상했겠다~
○○가 재미있었어	그게 재밌어? 뭐가 그렇게 재밌냐?	진짜 재미있었겠다~

2. 말의 속도를 맞춘다

말의 속도가 다르면 대화가 순조롭지 않다. 말이 빠른 사람은 말이 느린 사람이 답답하고, 말이 느린 사람은 말이 빠른 사람과 대화하면 숨이 가쁘고, 무슨 말을 하는지 알아듣기 어렵다. 느리게 말하는 사람에게는 느리게, 빠르게 말하는 사람에게는 빠르게 말의 속도를 맞추면 즐겁게 대화하고 신뢰를 쌓을 수 있다.

3. 감정을 맞춘다

상대방의 감정에 맞춰주는 것도 중요하다. 같은 감정이 되어줄 수 없다 해도 상대의 감정을 존중한다는 표현을 할 수는 있다. 상대방은 고민에 빠져 진지하게 말하고 있는데, 가볍게 웃으면서 들으면 거부감을 줄 수 있다. 상대방이 슬플 땐 함께 슬퍼하고, 기뻐하면 함께 기뻐해주면서 감정을 맞추면 친밀감이 잘 형성된다.

4. 상대의 자세와 행동을 맞춘다

상대방이 의자를 바짝 당겨 앉았다면 나도 의자를 당겨 앉고, 허리를 꼿꼿하게 세우고 있으면 나 또한 똑같은 자세를 취하는 것이다. 상대방의 눈 깜박임을 따라하는 것도 아주 좋은 방법이다. 사람들은 보통 1분에 8~12번 정도 눈을 깜빡이는데 상대방의 눈 깜박임 속도와 비슷한 속도로 눈을 깜빡이면 상대방은 무의식 중에 당신에게 호감을 갖는다. 하지만 상대방에게 들키면 의도를 의심받을 수 있으니 조심해야 한다.

주둥이가 다다

아들뻘, 조카뻘인 신입 쇼호스트들이 들어왔다. 수습을 마치고 이제 서서히 선배들을 따라서 방송을 참관하기도 하고 잠깐씩 출연하기 시작했다. 재작년까지만 해도 막내동생뻘 정도였던 것 같은데, 올해 들어온 신입들 어머니의 나이를 물어보니 나보다 한 살이나 어리다. 정말 슬프다.

그렇게 나보다 한 살 어린 어머니의 아들 K 쇼호스트는 정말 너무 반듯하다. 참 잘 컸다. 행동도 말씨도 나무랄 데 없어 모든 선배들이 귀여워한다. 특히 립 서비스가 뛰어나다.

"선배님의 미모는 세계 최강이죠."
"선배님의 멘트는 독보적이죠."

누가 들어도 과장이 심한 멘트를 너무 아무렇지 않게 날리는 특기가 있다. 그게 다 진짜가 아니라는 걸 알지만 듣기 싫지 않다. 살아남는 법을 아는 녀석인 것 같다. 그렇게 속이 빤히 보이는 말을 날리면 난 여지 없이 농담반 진담반을 섞어 한마디 날린다.

"아이구~ 주둥이만 살아서……"

아부의 말을 듣고 쑥스러워서 던진 말이다. 그리고 또 한마디 덧붙인다.

"사실…… 주둥이가 다야~"

그렇다. 주둥이가 다다. 주둥이를 통해 나오는 말에 우린 힘을 얻기도 하고 행복해지기도 한다. 반대로 힘이 빠지거나 크게 상심하기도 한다.

언젠가 가깝게 지내는 아는 언니가 친정 엄마 얘기를 해주었다. 친정집 냉장고를 열면 냉장실 가득, 냉동실 그득 한우로 채워져 있단다. 건망증이 심해 소고기가 있는 것을 잊고 또 사오는가 싶어서 걱정하다가 한마디 했단다.

"엄마 냉장고에 고기가, 그것도 질 좋은 소고기가 아주 많은데 왜 또 사왔어요? 모르셨어요?"

"아니 알아, 그거 너희도 가져가 먹어라."

"아니 알면서 왜 또 사오셨어요? 뭐 하러……, 먹고 또 사오면 되지"

"그냥…… 그 주인이 하도 싹싹해서……"

의외의 어이없는 대답이 돌아와 한번은 언니가 시장을 따라갔다.

"아유~ 어머니 또 오셨네요~ 우리 어머니 오늘은 얼굴이 더 밝아 보이네? 달달한 커피 한 잔 드릴까요? 어머니~ 오늘은 소가 좋아요. 어머니 오시면 드리려고 빼놨지. 어머니 이건 구워 드시고, 이건 국 끓여 드시고, 맛있게 많이 많이 드시고, 더 건강해지셔~ 알았죠? 어머니~"

잠깐 보고 왔지만 냉동실 가득 고기가 채워져 있어도 소고기를 또 사오는 친정엄마의 마음을 조금은 알 것 같았단다. 자식이 넷이나 되지만 그 누구도 그 정육점 사장님만큼 살갑지 않았던 거다. 친정엄마가 자신의 자식들에게 커피만큼 달달하고 정겨운 말을 듣고 싶었던 것이라 생각하니 미안하고 괜히 눈물이 났단다.

예나 지금이나 외로운 노인들을 상대로 한 불법 판매가 사회적 문제를 일으키고 있다. 휴지, 자석 요, 옥장판, 건강식품 등 종류도 다양하다. 가격은 터무니가 없어 어르신들은 자식 몰래 쌈지 돈 다 갖다 바치고, 그것도 모자라 돈을 빌리기도 한다.

지방에 사는 작은 올케 친정엄마 또한 그들의 표적이었던 모양이다. 친정엄마가 속이 빤한 거짓말을 하는 사람들에게 어이없이 속아 이것저것 사 쟁이는 것을 보고, 하루는 작은 올케가 뭐라 했단다. 그랬더니 친정엄마가 말씀하셨단다.

"다 알아. 어머니, 어머니하면서 입에 단내 나게 살살거리고 내 지갑 열려고 재롱 피우는 거 다 알아. 다 알지만 그 돈이 아깝지 않으니 쓰든 버리든 권하는 물건을 사고 또 사는 거야."

역시 주둥이가 다다. 그들은 알고 있었던 것이다. 우리네 외로운 어머니들이 어떤 말을 듣고 싶어 하는지를. 정작 그런 말을 해야 하는 우리네 자식들은 어머니들이 듣고 싶어 하는 말이 아닌, 하고 싶은 말만 한다.

"나 바빠요"

"나 늦어요"

"못가요"

"피곤해, 알았어, 나중에"

……

말 안 해도 알 것이라 생각하고 정작 듣고 싶어 하는 말은 하지 않는다. 그러면서 사랑한다는 이유로, 세상에서 가장 가깝다는 이유로 상처 주는 말은 서슴지 않는다.

그렇게 자식들이 하고 싶은 말만 내뱉을 때마다 우리네 어머니의 상처는 점점 더 커지고 깊어진다. 자식들이 만든 어머니의 상처는 정육점 사장님과 불법 판매원의 달달한 말과 재롱으로 치유가 되었던 게 아니었을까? 그렇다면 우리는 오히려 그들에게 비난 대신 감사를 전해야 하는 것은 아닐까? 그들은 외로운 어르신들의 마음을 치유해준 대가로 원하는 것을 얻었으니, 정당한 것이었는지도 모르겠다.

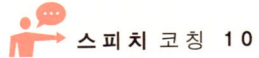 스피치 코칭 10

'알아차림'과 '받아들임'이 대화를 살린다

내가 하는 말과 상대가 듣고 싶어 하는 말이 항상 일치하는 것은 아니다. 사랑하는 사람들 사이에서도 마찬가지다. 분명 상대방이 좋아할 말이라 생각했는데, 정작 상대방은 시큰둥한 반응을 보여 당황스러울 때가 있다.

대화를 잘하려면 어떻게 해야 할까? 먼저 '알아차림'이 필요하다. 내가 하는 말이 나 혼자 재미있는 것인지 상대방과 교감하고 있는 것인지 확인해야 한다.

어렵지 않다. 상대방이 대화에 집중을 못하고 지루해하거나 자꾸 말을 끊는다면 내 말에 흥미를 못 느낀다고 보면 된다.

'알아차림' 다음에는 받아들이기를 한다. '아! 나는 혼자 떠들고 있었구나' 알아차리고, '저 사람은 지루했구나'라고 받아들이기만 해도 관계가 더 나빠지지 않을 수 있다.

여기에 '질문'과 '리액션'을 동원하면 더 좋다. 예를 들어 "혹시 궁금한 것 있으세요?", "제가 너무 어렵게 이야기하고 있나요?"와 같은 질문을 던지면 상대방을 대화에 참여시킬 뿐만 아니라 상대방이 어떤 이야기를 듣고 싶어 하는지도 알 수 있다.

사람들은 누구나 심리적인 갈등과 혼란을 피하기 위해 자신을 보호하려는 편향적인 면이 있다. 편향적인 면은 가볍게는 이야기를 요점 없이 길고 장황하게 하거나 대화의 주제를 갑자기 바꾸거나 상대방의 말에 아무런 반응 없이 가만히 있는 행동 등으로 표현된다. 이런 행동으로 자신의 감각을 둔하게 만들어 자신의 감정이나 자신에게 돌아오는 피드백에 대한 자극을 최소화하는 것이다.

편향이 심한 사람은 좋은 감정도 나쁜 감정도 크게 느껴지지 않기 때문에 환경이나 다른 사람뿐 아니라 자기 자신의 행동에서도 별다른 감정을 느끼지 못한다. 이로 인해 다른 사람의 반응이나 상황을 알아차리지 못하는 경우가 많다. 뿐만 아니라 시간이 지날수록 타인과의 소통뿐만 아니라 자신과의 소통도 어려워지니 좀 더 마음을 열고 알아차리려 노력하는 것이 좋다.

할아버지와 손주의 거리는 10리

당신은 상대가 듣고 싶어 하는 말을 하기 위해 한 번 더 생각하는 편인가? 아니면 내 편할 대로 하고 싶은 말은 참지 못하고 꼭 하는 사람인가? 혹시 전자라고 생각한다면 당신의 착각일 가능성이 크다. 아마도 대부분이 후자일 것이다. 당신이 혹시 부모나 선배 혹은 스승이나 상사 등 상대보다 우위에 있다면 더더욱 후자일 확률이 높다.

나처럼 아버지가 군인이었던 초등학교 친구가 있었다. 아버지가 군인이라는 공통점 때문에 금방 친해져 지금까지 서로의 이야기를 속속들이 알고 지낼 정도로 가족처럼 지내는 친구다. 친구가 어느 날 한숨을 푹푹 쉬며 말했다. 아버지가 하나밖에 없는 손주를 이해하지 못해 잔소리만 해대서 중간에서 입장 난처하고 속상하다며 하소연했다.

친구의 아버지는 후자에 속하는 분이었다. 그것도 아주 강력한 후자. 친구 아버지는 젊은 시절 호랑이 장군이라는 별명까지 붙을 정도로 아주 무서운 분이셨다. 집에서도 예외는 아니어서 친구가 어렸을 때는 아버지가 무서워 제대로 눈도 못 마주쳤다고 한다. 그러니 아버지 말을 거역하는 것은 상상도 못할 일이었다.

"나야 그렇다 해도 아버지가 내 아들한테도 잔소리를 너무 많이 해서 아슬아슬하다."

부모와 자식 사이도 사고방식이 차이가 많이 나는데, 할아버지와 손주는 더 말할 것도 없다. 손주 입장에서는 할아버지가 옛날 사고방식으로 이래라 저래라 하는 것이 불편한 게 당연하다.

"아들은 아들대로 할아버지 때문에 못 살겠다고 하고, 아버지는 아버지대로 어렸을 땐 무릎에 턱턱 잘도 앉아 볼에 뽀뽀를 해대던 녀석이 이젠 컸다고 데면데면 하니 섭섭하다 하셔. 아버지와 아들이 함께 있으면 늘 조마조마했는데, 드디어 사단이 났지 뭐야."

친구 아들은 대학을 졸업하자마자 광고기획사에 입사했다. 원래도 패션 감각이 좋았지만 광고기획사에 입사하면서 더 눈에 띄는 패피(패션피플)가 되었다. 머리끝부터 발끝까지 다 튄다. 나름 감각만큼은 신세대라 생각하는 내가 봐도 예사롭지 않다. 그래도 나와 친구의 눈에는 예쁘기만 하다. 또한 직업이 직업인지라 패션이 튈 수밖에 없다고 이해했다.

어느 날 친구 아들은 좀 과한 머리 스타일을 하고 나타났다. 가운데 머리를 두고 언발란스하게 한쪽은 쫙 밀어버린, 변발 같은 스타일이었는데, 오픈 마인드인 친구 눈에도 너무 튄다 싶었다고. 친구 아버지 눈에 그 요상한 머리스타일이 마음에 안 든 것은 당연했다. 그래도 당장은 별 말씀을 하지 않고 넘어갔다.

이후 가족 모임이 있던 날, 친구 아들은 그날따라 더 파격적인 패션을 연출했다. 콘셉트가 히피였는지 셔츠도 너덜너덜, 바지도 여기 저기 찢어진 디스트로이드진을 입었던 것이다. 젊은 친구들이 보면 '와우 멋진데' 할 수도 있는 세련된 옷차림이었지만 부모 세대만 되어도 '저저저!!!'하면서 한 소리 딱 하기 좋은 복장이었다고.

하고 싶은 얘기는 기어코 하고야 마는 할아버지는 손주를 불러 앞에 세우고 그 동안 참았던 얘기를 쏟아내고 말았다.

"○○야. 이리 좀 와봐라. 내가 머리를 괴상하게 했어도 꾹 참았어요. 그런데 옷을 꼭 이렇게 입어야 하는 거냐? 이렇게 단정치 못한 차림으로 회사 다니면 상사는 좋아하겠어? 왜 하는 짓이 그러냐."

참았던 감정이 폭발한 할아버지는 급기야는 하지 말았어야 할 말까지 하셨다. 할아버지는 본인의 감정에는 충실했지만 손주의 감정은 조금도 헤아리지 못하셨다. 손주의 감정을 생각했다면 말을 좀 달리 하셨을 텐데…….

손주는 우리의 걱정대로 몹시 마음이 상했다. 얼굴이 빨개지더니

"네네" 억지로 대답하고는 자리를 떠나 차 안에 가 누워있었다. 누워서 생각했을 것이다. 할아버지로부터 더 멀리 도망가자. 할아버지와 손주의 거리는 저만큼 더 멀어져 있었다. 즐거워야 할 가족모임은 순식간에 냉기가 돌았다.

친구는 아버지와 아들의 사이가 멀어지는 것이 속상해 가만히 있을 수가 없었다. 아버지를 모시고 식당으로 이동하면서 호랑이 아버지가 겁이 났지만 용기를 내 차분하게 말을 꺼냈다.

"아빠, 우리 ○○이 복장이 좀 그렇죠? 그런데 그게 요즘 애들이 좋아하는 스타일이래요. 유행이고요. 찢어진 청바지는 저도 입어요. 손주가 어딜 가도 이쁨 받았으면 좋겠어서 그러시는 거 알아요. 근데 그렇게 말씀하시면 할아버지가 자길 위해서 그런 게 아니라 미워서 그런다 생각하고 서운해 할 거예요. ○○가 미워서 그런 건 아니시잖아요?"

"당연히 아니지……"

당신의 화를 가라앉히고 좀 심했나 싶었던 모양이다. 식당에 도착하자마자 손주를 당신 앞으로 다시 불러서 술 한 잔 따라 주면서 말씀하신다.

"○○야~ 할아버지가 네가 미워서 그런 거 아닌 거 알지? 내가 널 미워할 리가 있냐? 하나 밖에 없는 손주인데……, 언짢았으면 풀어라."

친구 아들은 할아버지가 주는 술잔을 받고 조금은 화가 풀린 듯 했단다. 하지만 그런 일이 있고 난 후 아들은 예전처럼 할아버지를 가깝게 대하지 못한다고 한다. 생각했던 것보다 마음의 상처가 컸던 것 같다며 친구는 속상해했다.

나이가 들수록 점점 외로워진다고 한다. 가까이 오지 않는 사람들을 원망하기 전에 혹시 나의 화법이 그들을 멀리 도망가게 하는 건 아닐까 생각해 볼 일이다.

할아버지와 손주의 거리가 아주 가까웠던 그 옛날, 할아버지는 손주를 보면 그저 환하게 웃어주고 예뻐서 어쩔 줄 몰라 했다. 노래를 흥얼거리기라도 하면 '우리 손주 최고'라고 하면서 칭찬하기에 바빴고, 지갑을 열고 용돈을 주고 과자를 사주셨다.

지금도 여전히 친구 아버지는 손주를 아주 많이 사랑하신다고 한다. 사랑하는 마음이 변함없듯이, 오래 전 5살짜리 손주에게 말씀하시듯, 20살이 훌쩍 넘은 손주에게도 엄격하고 무서운 말투가 아닌, 따뜻하고 부드러운 말투로 말씀하신다면 어떨까? 나이의 숫자만큼 30m 멀어졌던 손주와 할아버지의 거리는 5m쯤으로 가까워지지 않을까?

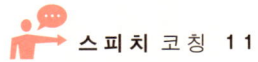
스피치 코칭 11

마음 상하지 않게
필요한 말을 하는 화법

서로의 욕구가 다른 것은 당연하다. 자신의 욕구와 타인의 욕구가 충돌하면 갈등이 생기기 쉽다. 인정의 욕구는 가까운 사람일수록 강해지고, 자신이 좋아하는 사람과의 관계에서 더욱 커진다. 인정의 욕구가 채워지지 않으면 크고 작은 고통을 느끼기 때문에 상대를 설득하려 한다. 그래서 처음에는 작은 문제였던 것들도 설득이 통하지 않으면서 권위를 내세우거나 화를 내는 등의 심각한 상황이 되거나 싸움으로 번지기도 한다.

하지만 말을 잘하면 상대방의 마음을 상하지 않게 하면서도 내 욕구를 충족시킬 수 있다. 같은 내용의 말이라도 어떻게 말하느냐에 따라 상대방이 다르게 받아들인다. 말할 때 상대방의 입장을 먼저 헤아리고, 자기의 생각을 일반화시켜 강요하지 않는 것이 중요하다. 다음 두 가지 예시를 보면서 좋은 화법과 나쁜 화법의 차이를 알아보자.

좋은 화법

"아빠, 우리 ○○이 복장이 좀 그렇죠?" → 상대방의 입장과 상황을 말한 것이다.

"그런데 그게 요즘 애들이 좋아하는 스타일이래요. 유행이고요." → 특수한 상황이 아닌 보편적이고 일반적인 상황으로 연결해 말하는 것이다(객관화와 일반화).

"찢어진 청바지는 저도 입어요." → 동일시하면서 손주의 문제만이 아님을 이야기한다.

"손주가 어딜 가도 예쁨 받았으면 좋겠다 싶어 그러시는 거 알아요." → 상대방의 입장을 배려하는 말이다.

"근데 그렇게 말씀하시면 할아버지가 자길 이해 못 한다고 서운해 할 거예요." → 상황을 객관적으로 다시 보게 하는 말이다.

"예쁘다, 예쁘다 해야 예쁜 짓도 더 하더라고요." → 대체할 말을 제안 혹은 제시한다.

나쁜 화법

"내가 머리를 괴상하게 했어도 참았는데" → 상대방이 아니라 자신의 입장과 생각을 먼저 말한 것이다.

"옷은 꼭 이렇게 입어야 하는 거냐?" → 질문처럼 보이지만 자신의 생각과 취향을 상대방에게 강요한 말이다.

"이렇게 단정치 못한 차림으로 다니면 상사는 좋아하겠어?" → 자신의 생각을 모두가 그럴 것이라고 일반화시켰다.

"왜 하는 짓이 그러냐?" → 특정한 상황을 다른 상황과 연결해 판단하고 핀잔을 주는 말이다.

이렇게 자신의 말을 분석해보는 것만으로도 관계에서 어떤 문제가 생길 수 있는지 예측할 수 있다.

아끼다 똥 된다

 난 형제가 많은 편이다. 3남 1녀 중 셋째이자 외동딸이다. 이 얘기만 들으면 대부분 공주처럼 컸을 것이라 오해한다. 난 오빠들보다 더 남자 같은 성격에 왈가닥이었다. 공주처럼은커녕 바로 위 오빠, 내 아래 남동생과 하루가 멀다고 치받고 싸우며 살았다.
 직업 군인이었던 아버지가 가끔씩 종합선물 세트(과자가 골고루 들어 있던 커다란 상자)를 가져 오면, 각자 좋아하는 과자를 먹기 위해 쟁탈전을 벌였다. 먹고 싶은 것을 손에 쥐면 그걸 아끼고 아끼면서 조금씩 먹었다. 동생이 자기 걸 다 먹을 때까지 참고 인내하고, 동생이 다 먹고 나면 그제야 아꼈던 걸 먹기 시작했다.
 나의 야심 찬 계획을 모르고 허겁지겁 먹기 바빴던 동생은 내가 먹는 모습을 부러운 듯 쳐다보며 한 입만 달라고 애원하고, 난 "싫어!" 하면서 묘한 쾌감을 느끼곤 했다. 그렇게 약 올리며 먹는 과자는 더욱 맛있었다.

더운 여름 엄마를 졸라서 아이스바를 얻어먹게 될 때도 동생이 다 먹을 때까지 조금씩 조금씩 먹었다. 반쯤은 녹아 흘러 내려도 어떻게든 아껴가며 먹었다. 그렇게 먹으니 입으로 들어가는 거 반, 녹아서 버리는 게 반이었던 것 같다. 지금 생각하면 참 어리석은 짓이었다.

얼마 전 아이스바를 아꼈던 어리석음과 비슷한 경험을 했다. 나의 어머니는 정 많고, 베풀기 좋아하는 참으로 곱고 착한 분이었다. 80세에 치매가 와 4년 넘게 고생하셨다. 병세가 심해지면서 요양원에 계셨는데, 요양원에서도 인기가 좋았다.

워낙에도 말을 재밌게 잘하셨는데 치매가 왔음에도 말재주는 변함없으셨다. 일주일에 1~2번씩 엄마를 찾아가면 늘 반갑게 맞아주셨고 먹을 거라도 싸 가면 "맛있다 맛있어" 하셨다. 방송을 마친 후라 메이크업을 한 채로 가면 "오늘 아주 예쁘네." 하신다. "엄마 닮아 예쁘지?" 하면 "아니야 아빠 닮아 예뻐" 하셨다. 헤어져 나올 때 "회사 가야 해요~ 돈 벌러 갔다 올게." 하면 "그래 돈 많이 벌어와" 화답했고, "돈 많이 벌어 뭐 하게?" 하면 "뭐 쓸데가 없을라고?"하셨다. 엄마는 치매가 왔어도 귀여우셨다.

그렇게 주고받는 대화도 점점 어려워졌고, 아프신지 4년쯤 되었을 땐 폐렴과 가래로 말하는 것은 물론 숨 쉬는 것조차 힘겨워 하셨다. 매주 일요일은 나와 동생이 당번이라 그날도 엄마를 보러 갔다. 전날 다녀온 오빠들 말로는 가래가 심했던 엄마 상태가 좀 호전되었다고 했는데, 그날 엄마는 무척 힘들어보였다. 가래가 잔뜩 껴서 계속 거렁거렁 소리가 났고, 뭐라 말은 하는데 가래가 심해서 도통 알아들을 수가 없었다.

우리가 알아듣지 못하는 것이 안타까운지 눈빛은 더욱 간절해 보였다. 그런 엄마의 모습을 보고 동생 댁은 하염없이 울었다. 아마 나와 같은 마음이었나 보다. 지금 이 모습이, 지금의 힘든 대화가 엄마와의 마지막 대화이고, 눈 마주침이 될지도 모른다는 생각이 들었다.

아버지와 점심약속이 있어 아쉬워하는 동생 내외를 먼저 보내고, 난 식당으로 바로 가겠노라 하고 좀 더 있기로 했다. 난 그 동안 하고 싶었지만 아이스크림이 녹을 때까지 쓸데없이 아꼈던 것처럼 아껴뒀던 말을 그나마 잘 들리는 엄마의 왼쪽 귀에 대고 하기 시작했다.

"엄마, 엄마가 나의 엄마라서 너무 고마웠어, 우리가 엄마 얼마나 사랑하는지 알지? 우리 엄마 참 예쁘네…… 엄마 아주 많이 많이 사랑해요. 그리고 너무 너무 미안해…… 엄마 그때…… 엄마 무지 속상하게 해서 미안해, 내가 그러면 안 되는 거였는데…… 미안해 엄마, 그리고 엄마가 생각하는 것보다 훨씬 더 많이 많이 사랑해……"

할 말이 많을 것 같았는데, 더 이상 생각이 나지 않았다. 그렇게 안타깝게 엄마를 바라보니 얼굴이 빨개지도록 온 힘을 다해 힘겹게 또렷이 한마디 하신다.

"미안해……"

그 말이 엄마가 이 세상에서 내게 남긴 마지막 말이었다. 그렇게 다 베풀고, 희생하고도 미안하단다. 우리 어머닌 그런 분이셨다. 다음날 새벽 응급실로 옮겨져 심폐소생술을 하고 산소호흡기에 의존한 채 4개월을 더 고생하다 하늘나라로 가셨다. 아마도 자식들이 엄마를 보낼 마음의 준비를 할 시간을 주셨던 것 같다.

우리 가족들은 장례를 치르는 3일 동안, 엄마가 살면서 우릴 힘들게 키우면서 듣고 싶어 했을 말을 가장 많이 쏟아냈다. 왜 이런 말들을 어머니가 건강할 때, 살아계실 때 하지 못하고, 이제야 하는 걸까 더 한스러웠다. 굳이 말하지 않아도 알겠지 하면서 정작 해줘야 할 얘기는 쓸데없이 아끼고, 아껴야 할 독설들은 속이 시원할 때까지 쏟아낸다. 아끼면 이렇게 한이 되고 후회가 되는데, 어리석게도 닥쳐야 깨닫는다. 더 어리석은 건 깨달음을 금방 잊는다는 것이다.

3장

말이 결과를 바꾼다

좋은 인연과 악연 사이에 질문이 있다

모 방송국에서 음악 프로그램 DJ를 한 적이 있다. 중학교 때부터 방송반 활동을 했고, 고등학교 때 커서 방송 일을 하겠다는 목표를 세웠었다. 대학시절에는 라디오 극에 매력을 느껴 성우를 하고 싶었다. 그러다 우연치 않게 전문 MC 시험을 보게 되었고 운 좋게 MBC 전문 MC가 되어 TV 프로그램으로 데뷔했다. 이후 쭉 TV 활동만 하다가 데뷔 8년 만에 라디오 DJ 제안이 왔다.

라디오 DJ는 성우와는 성격이 좀 다르지만 목소리만으로 감정을 표현한다는 맥락에서 보면 닮은 구석이 많다. 성우가 꿈이었던 나는 왠지 대학시절 품었던 꿈이 실현되는 것만 같아 흔쾌히 승낙했다.

하고 싶었던 일이었던 만큼 정말 잘하고 싶었다. 하지만 숨소리마

저도 전파를 타고 나가는 라디오 생방송은 생각보다 쉽지 않았다. 녹화방송은 실수를 하면 다시 할 수도 있지만 생방송은 실수를 주워 담을 수가 없다.

성우는 대본에 쓰여 있는 대로 감정을 실어 연기하면 된다. 물론 DJ도 작가가 써 준 원고가 있지만 원고 외에도 청취자가 보내온 사연을 읽고 자연스럽고 적절하게 코멘트를 달아야 하는지라 순발력을 요했다.

수다스럽지 않은 성격과 겉과 다른 소심함과 급한 성격 때문에 실수가 없는 날이 없었다. 2시간 동안 진행하는 생방송이 하루처럼 길게 느껴졌다. 원고를 잘못 읽기도 하고, 사연에 코멘트를 할 말이 떠오르지 않아 더듬기도 많이 했다.

잘하고 싶었는데 뜻대로 되지 않아 하루하루 자책이 늘어가고 괴로울 즈음 프로그램을 개편하게 되었다. 아직 적응이 되지 않아 심적으로 스트레스를 받고 있었는데 설상가상으로 의지했던 피디가 다른 프로그램을 맡게 되면서 다른 피디와 일을 해야 했다. 불행히도 나를 캐스팅했던 전 피디와는 약간의 라이벌 관계인 피디였다. 전 피디와 친했던 나로서는 두 피디의 관계가 안 좋다는 이유만으로 새로운 피디가 불편했다.

그러던 어느 날 주말 방송을 녹음하게 되었다. 당시만 해도 컴퓨터가 덜 발달된 관계로 2시간짜리를 녹음하려면 적어도 2시간 30분 이상은 걸렸다. 그날따라 실수를 연발해 2시간짜리 녹음이 아마 3시간

이상은 걸린 것 같다. 녹음실엔 피디와 나 둘뿐이었는데 점점 무거운 기운이 내려앉는 기분이었다. 피디는 더웠는지 얼굴이 점점 붉어지는 것 같았고, 말수도 줄어들었다. 미안하기도 하고 창피하기도 했다. 복잡한 심경으로 겨우겨우 끝을 냈다.

그런데 내 기분 탓이었을까? 그날 이후부터 피디가 나를 대하는 태도가 달라진 것 같았다. 묻는 말에 대답도 짧은 느낌이고, 잘 웃지도 않는 것 같고, 나를 바라보는 시선도 차가워진 것 같았다. 그럴수록 내 마음은 점점 불편해졌고, 방송을 하러 가는 시간이 즐겁지 않았다. 소심한 성격 탓에 대놓고 '왜 그러느냐'고 묻지도 못하고 속을 끓이며 불편한 마음을 키워 갔다.

처음에는 그럴 수 있다. 내가 원인 제공을 했으니 내 탓이 크다고 생각했지만 시간이 지날수록 내 탓이 남 탓이 되어버렸다.

'아니 그래도 그렇지. 그렇다고 그게 계속 얼굴 구길 일이야? 지는 실수 안 해? 참나 싫으면 지가 그만두든가 진행자를 바꾸면 되지…… 왜 맨날 인상 쓰는 거야! 에이씨~'

'그만 둔다고 할까? 아니면 '제가 싫으세요? 그럼 진행자를 바꾸세요'라고 피디에게 말할까?'

남 탓이라 생각하니 감정이 올라왔다. 생각은 꼬리에 꼬리를 물고 더 극단으로 치달았다. 미안했던 마음은 어느새 화로 바뀌었다. 부정적인 생각이 커질수록 스튜디오 안에서 그 피디와 마주보고 있는 시간이

고통스러웠다. 꼴도 보기 싫어졌다. 이런 고민을 방송 작가였던 친구에게 털어놓았다. 나보다 한 살 많았던 그 친구는 살아온 날 만큼 나보다 현명했다.

"그 피디가 왜 그러는지 정확히 모르는 거잖아. 그만 둘 때 그만 두더라도 왜 그러는 지나 물어봐. 밑져야 본전인데 궁금하지 않아?"

친구의 말이 맞았다. 그냥 나 혼자 넘겨짚고, 도둑이 제 발 저리다고 내가 잘못한 게 있으니 그럴 것이라고 추측만 했던 것이다. 정말인지 아닌지는 내가 그 피디 머릿속에도, 마음속에도 들어가 보지 않았으니 알 수가 없었다.

물어보기로 했다. 어떻게 물을 것인가를 고민했다. "피디님 제가 맘에 안 드시나요?" 혹은 "제 스타일이 맘에 안 드세요? 저한테 뭐 기분 나쁘세요?"라고 단도직입적으로 말할까? 너무 직설적이라면 "피디님 요즘 안색이 안 좋으시네요? 무슨 일 있으세요?" 혹은 "피디님 얼굴이 수척하시네요. 어디 아프세요?" 걱정해주는 척 돌려서 말할까?

고민 고민 끝에 후자로 결정했다. 단도직입적으로 말하면 그간 나빴던 감정이 실려 좋게 말이 나갈 것 같지 않았다. 또 다시 주말 녹음을 하는 날, 녹음 준비를 하는 피디에게 커피 한 잔을 건네며 물었다.

"박 피디님 무슨 일 있으세요? 안색이 안 좋으세요."

돌아온 답은 의외였다.

"아 그래요? 티가 났어요? 아이고 티 안 낼라 했는데…… 사실은 어머님이 편찮으셔서 정신없었어요. 생방송에 지장 있을까봐 표정관리 한다고 했는데 티가 났었나 보네요. 미안해요"

억지로라도 따뜻한 마음을 담아 물어보길 잘했다. 혹시 "제가 맘에 안 드세요? 저한테 뭐 기분 나쁜 거라도 있으세요?"라고 공격적으로 물었더라면 그렇잖아도 마음 불편한 사람 더 편치 않게 했을 것이다. 친구의 조언대로 물어보길 잘했다. 물어보지도 않고, 상대의 생각과 마음을 지레 짐작하고 내 멋대로 생각을 키워갔더라면 난 아마 그때쯤 그렇게 하고 싶었던 라디오 방송을 그만 뒀을지도 모를 일이다. 그렇게 묻지 않고 그만두었다면 난 아직도 그 피디를 싫어하고 있었을 것이다. 그 피디 역시 나를 까칠하고 책임감 없는 사람으로 기억했을 지도 모른다.

지금 그 피디와 나는 좋은 인연을 계속 이어가고 있다. 하마터면 좋은 인연이 나의 어리석은 추측으로 악연이 될 뻔 했다는 것을 생각하면 아찔하다. 그날 이후로 나는 상대의 감정을 억측하여 내 마음대로 생각을 키우지 않는다. 특히 그 상대가 오래 봐야 할 사람이고, 좋아하는 사람이라면 더더욱 그렇다.

스피치 코칭 12

말의 온도를 높이는 '넛지 스피치'

사람들이 무언가를 선택할 때 부드럽게 개입해서 자연스럽게 더 좋은 선택을 유도하는 방법을 '넛지 효과'라고 한다. 여기서 넛지^{nudge}란 '주위를 환기시키다' 혹은 '팔꿈치로 슬쩍 찌르다'라는 뜻으로 미국의 행동경제학자 리처드 세일러^{Richard H. Thaler}와 법률가인 캐스 선스타인^{Cass R. Sunstein}이 〈넛지〉라는 책에서 새롭게 정의한 용어다.

말을 할 때도 '넛지 효과'를 줄 수 있다. 필자는 이걸 두고 '넛지 스피치'라고 부른다. '넛지 스피치'를 사용하면 말의 온도를 더 따뜻하게 올릴 수 있다. 방법은 아주 간단하다. 상대방의 기분, 상황, 상태 등을 먼저 말하면 된다.

예를 들면 "피디님 제가 마음에 안 드시나요?" 혹은 "저한테 뭐 기분 나쁘세요?"라는 말은 자신의 감정을 먼저 생각한 말이다. 반대로 "피디님 요즘 안색이 안 좋으시네요. 무슨 일 있으세요?"라는 말은 상대의 상태와 상황을 먼저 생각한 넛지 스피치다.

넛지 스피치를 많이 사용하는 사람 중 하나가 리더들이다. 리더들은 말의 중요성을 알고 있기 때문에 일부러 상대방의 상태나 상황에 대한 말을 먼저 한 후 자신의 의견을 붙여 리드하는 경우가 많다.

가끔 악용하는 리더들도 있다. 예를 들어 직원들과 중국음식점에 가서 "원하는 거 다 시키게"라고 말해놓고 본인은 먼저 자장면을 주문하는 식이다. 자신의 의도대로 상황을 끌고 갈 수는 있겠지만 이런 방법으로 호감을 주기는 어렵다.

상대방의 감정이나 생각을 억측하지 말고 물어보는 것은 중요하다. 오해를 하고 있을 때는 상대방에게 물어보는 것 자체가 힘들어 '말을 할까? 말까?'를 고민하는 데 많은 시간을 소비한다. 용기를 내어 말을 꺼내는 것도 중요하지만 '어떻게 말할까?'가 더 중요하다. 자신의 억측을 그대로 말로 쏟아내면 역효과만 난다. 넛지 스피치를 이용해 상대방의 감정, 기분, 생각을 먼저 이야기하면 말의 온도를 더 따뜻하게 만들어 좋은 결과를 얻을 수 있다.

긍정은 긍정을,
부정은 부정을 끌고 온다

홈쇼핑은 매출이 깡패다. 매시간 그 시간에 해당되는 목표가 있고 그 목표를 몇 퍼센트나 달성했는지 숫자가 나온다. 물론 방송을 진행하는 쇼호스트나 피디의 실력과 그날의 상품 구성과 조건에 따라 달성률이 달라지기도 한다. 하지만 그날그날의 날씨, 동 시간대에 방송하는 TV 프로그램, 그 프로그램의 시청률과 프로그램 앞뒤의 광고시간 등 여러 가지 요인들이 매출에 지대한 영향을 미친다.

워낙 매출을 좌우하는 요인들이 많다 보니 상품이 잘 안 나갈 때는 '오늘은 날씨가 좋아서', '다들 휴가를 가서', '오늘은 드라마가 늦게 끝나서' 혹은 '일찍 끝나서' 매출이 저조했다고 갖가지 핑계를 대곤 한다. 내 실력과 상관없이 운이 나빴던 것이라고 치부해야 내 마음이 편하기 때문이다.

하지만 운이 반복된다면 운도 실력이다. 특히 보험 상품은 똑같은 보장에 비슷한 프로모션(조건), 엇비슷한 시간에 방송을 하는지라 쇼호스트의 운이자 능력이 오롯이 드러나는 상품이다.

A와 B라는 후배가 있다. A는 B보다 1년 정도 먼저 입사한 선배이고, 나이도 한두 살 많은 형이다. 같은 상품을 방송한다면 상식적으로 방송 경력이 더 많은 A가 더 좋은 결과가 나와야 한다. 그런데 정확하지는 않겠지만 내가 보기에는 8할 정도 B가 더 좋은 성적이 나온다.

두 사람 모두 최고의 쇼호스트가 되기 위해 늘 열심히 공부한다. 그러니 방송 내용은 둘 다 훌륭하다. 둘 다 방송을 할 때는 늘 에너지를 있는 대로 쏟아붓고 최선을 다한다. 그런데 결과는 거의 대부분 B가 앞선다. 한두 번이면 B가 A보다 운이 좋았다 하겠지만 내가 눈여겨본 몇 년 내내 거의 대부분 B가 더 좋은 결과를 낸다. 무슨 차이일까?

A는 피부가 어두운 편인데, 표정도 늘 어둡다. 입 다물고 앉아 있을 때 보면 살짝 화가 나있는 것처럼 보이기도 한다. 반면 B는 피부도 희지만 표정도 늘 환하다. 그리고 잘 웃는다. 웃음소리도 크다. 웃는 얼굴로 욕할 수 있나? 당연히 B의 입에선 같은 내용도 즐겁고 재밌게 나온다.

예를 들어 '지금은 결정하고 결제하는 시간이 아닙니다. 이 암보험에 관심이 있으시다면 상담 받기 편한 연락처만 남겨 주십시오. 연락처

만 남겨도 ○○을 선물로 보내드리겠습니다.'라는 멘트를 한다고 하자. A는 방송을 할 때 그 표정에 걸맞게 화난 사람처럼 호통치며 내뱉는다. 심각한 표정으로 혼내듯이 말한다.

"고객님 이 보험 알아보세요. 안 알아 보셨다가 원치 않는 암에 걸리기라도 하면 어쩌시려고요?(점점 목소리 커지고 톤 높아지고) 그래서 가족들이 돈 때문에 고생하면 어쩌시려고요? 나 때문에 가족들이 경제적으로 고통 받으면 안 되지 않겠습니까?(호통치듯, 혼내듯) 어차피 결정하시는 것도 아니고 전화번호만 남기셔도 ○○ 선물 보내드리는데 왜 안 하십니까? 안 하실 이유가 없습니다. 지금 전화번호 남기십시오."

B는 어떨까? B는 생글 생글 웃으며 밝은 표정으로 이렇게 말한다.

"유비무환이라고 미리 준비해서 나쁠 거 없죠. 요즘은 워낙 약도 좋아지고 의료기술도 좋아져서 완치율도 높아지고 있더라고요. 전문보험으로 든든하게 준비해 놓으면 얼마든지 이겨낼 수 있습니다. 걱정 대신 맘에 평화~ 좋지 않습니까? 지금 전화번호만 공짜로 남기셔도 ○○ 선물을 문 앞까지 배달해 드리겠습니다.

돈 한 푼 들이지 않고 받는 선물 기분 좋습니다. 공짜 좋아하면 머리 벗겨진다지만 머리가 벗겨져도 공짜라는데~ 받으셔야죠.(특유의 너스레를 떨며) 그리고 혹시 모를 암에 대한 준비도 저희와 함께 하시죠. 지금~~연락처 남기시고 선물 받아가세요."

같은 내용이다. 그러나 느낌은 전혀 다르다. A의 방송을 보고 있으면 마음이 불편하고 기분이 나빠진다. 반면 B의 방송을 보고 있으면 괜히 즐거워지고 마음이 편해진다.

짧은 예시지만 길어지면 길어질수록 마음이 불편하고 기분 나쁠 수 있을 것이다. 왠지 기분 나빠지니 시키는 대로 하기 싫다. A의 말이 언짢게 들리는 건 호통치고 화내듯 말하는 말투도 말투지만 '아니', '안'과 같은 부정적인 단어를 주로 쓰기 때문이다. 부정적인 언어와 표현을 계속 듣다 보면 듣는 사람의 마음도 우울해지고, 기분이 나빠진다.

반면 B는 기분 좋은 미소에 곁들여 '공짜, 선물, 든든, 평화, 좋습니다' 등 긍정적인 언어를 많이 쓴다. 부정적인 언어가 부정적인 감정을 불러온다면 긍정적인 단어는 긍정의 기운을 몰고 온다. 긍정적인 단어로 긍정적으로 표현하면 자칫 우울할 수 있는 내용마저 밝고 희망적으로 바뀐다. 듣는 사람도 '그래 한번 해보자~ 준비하면 좋겠네.'라며 기분 좋게 동참하게 되는 것이다.

A와 B는 방송뿐만 아니라 평소 일상에서도 다르다. A는 늘 뭔가에 불만이 많다. 그러니 마음과 생각을 반영하는 말도 '아니', '안'과 같은 부정적인 언어가 많다. B는 생각이 늘 긍정적이다. 그러니 나오는 말도 긍정적이고 밝고 재미있다. 평소에도 '좋습니다~'라는 말을 자주 한다.

이 두 쇼호스트가 옷 가게 주인이라고 생각해 보자. 같은 옷을 파는 각기 다른 옷 가게라면 당신은 누구의 가게로 가겠는가? 긍정적인 생각과 긍정적인 언어는 긍정적인 결과를 불러온다. 에너지는 같은 파동을 가진 에너지를 끌어당기기 때문이다. 그러니 좋은 결과를 기대한다면 말부터 바꿔야 한다. 긍정적인 언어로 말하고, 긍정적으로 생각하면 결과는 기대를 저버리지 않을 것이다.

스피치 코칭 13

호감의 법칙, 말이 반이다

필요한 제품을 같은 조건과 가격에 A와 B 두 사람이 판매하고 있다면 둘 중 더 호감이 가는 사람에게 살 것이다. 호감을 주는 요인은 여러 가지다. 이 요인들이 무엇인지 알고 있으면 상대방을 설득할 때 도움이 될 수 있다.

쇼호스트라는 특정 직업 뿐 아니라 우리도 일상생활에서 상대를 설득해야 할 일이 많다. 사람마다 생각이 다르기 때문이다. 소소하게는 점심 메뉴를 정할 때부터 가족과 쇼핑을 하거나 누군가와 함께 여행을 갈 때도 설득이 필요할 수 있다.

비즈니스에서의 설득은 일상에서의 설득보다 더 중요하다. 그래서 비즈니스를 하는 사람들은 늘 상대방을 설득하는 방법에 관심이 많다.

설득하는 방법들은 수도 없이 많다. 그중 하나가 '호감의 법칙'이다. 호감의 법칙은 말 그대로 호감을 주는 사람이 설득을 더 잘한다는 것이다. 바꿔 말하면 설득을 잘하려면 호감을 주어야 한다는 말이다.

호감을 주는 요소는 여러 가지가 있는데 부정적인 말을 하는 사람보다는 긍정적인 말을 하는 사람이 좋고, 무표정한 사람보다는 나의 말에 웃어주는 사람이 더 좋다. 서로의 공통점을 부각시키는 것도 좋은 방법이다.

'말' 역시 호감을 주는데 결정적인 역할을 한다. 세부적으로 들어가면 사용하는 언어뿐만 아니라 목소리, 톤 등 여러 가지가 호감도에 영향을 끼친다. 모든 것을 신경쓰기 어렵다면 호감을 주는 여러 요소 중 언어만 잘 선택해도 호감도를 한결 높일 수 있다.

예를 들면 식사를 한 후 배가 많이 부른 상황에서 '밥 먹고 가'라는 이야기를 들었다. 그럴 때 당신은 뭐라고 답할지 생각해 보자. 이럴 때 많은 사람들이 흔히 '아니에요. 괜찮아요' 또는 '괜찮아요'라고 말한다.

둘 다 부정을 담은 말이어서 호감을 주기 어렵다. '아니다'는 누가 봐도 부정이지만 '괜찮다'라는 단어가 왜 부정적인지 잘 이해가 안 되는 사람도 있을 것이다. '괜찮다'라는 단어 안에는 상대를 거절한다는 의미가 담겨 있기 때문이다. 혹시 당신도 '아니에요. 괜찮아요.'를 떠올렸다면 호감을 주는 요소 중 언어적인 부분을 놓치고 있었던 것이다.

어떻게 하면 호감을 주는 말로 바꿀 수 있을까? '감사합니다. 다음에 먹을 게요' 혹은 '감사합니다. 밥 먹은 지 얼마 안돼서요. 아쉽네요.' 등으로 바꾸면 된다. 이렇게 말하면 지금은 거절이지만 앞으로 언제든지 함께 식사를 하자는 의미를 전달할 수 있다. 말 한마디만 바꾼 것뿐인데 상대방에게 존중받는 기분을 줄 수 있고, 당신은 호감을 받을 수 있다.

말이 많으면
중요한 것을 놓치기 쉽다

누구나 말을 잘 하고 싶어 한다. 그 '잘'이라는 것이 무엇일까? 재미있게 말해서 시간 가는 줄 모른다. 너무 감동적으로 말해서 심장이 두근거린다. 저 사람이 말하면 귀에 쏙쏙 들어온다. 아마 말을 잘한다는 것은 이런 의미를 포함하고 있을 것이다.

지인 중 말을 잘하는 사람이 있다. 앞에서 얘기한 것과는 다르게 정말 말이 많은 사람 다시 말하면 말하기를 좋아하는 사람이다. 엄밀히 말하자면 말을 잘하는 게 아니라 잘 떠드는 사람이라고 하면 정확할 것이다.

그는 늘 말을 장황하게 끊임없이 잘한다. 끊지 않으면 1시간이고 2시간이고 날도 샐 기세다. 그렇게 말하기를 좋아하는데 불행하게도 잘 알아듣지를 못하겠다. 말을 많이 하는데 알아들을 수 있는 얘기는 얼마 안 된다.

발음이 아니고 내용이 문제다. 내용이 장황하다. 그와 대화하는 중에는 늘 습관적으로 "그러니까 그게 이런 얘기지?", "그러니까…… 그 말은 이런 뜻인 거지?"라고 몇 번이고 확인하게 된다. 그렇게 몇 번이고 묻고 또 묻다가 되묻기도 힘들어 그냥 떠들게 둔다. 그냥 기계적으로 고개를 끄덕이긴 하지만 사실은 하나도 모르겠다. 그의 말은 귀를 헹구듯이 이쪽 귀에서 저쪽 귀로 스치고 지나간다.

참 착한 사람인데 그와 함께 있는 시간은 그리 즐겁지 않다. 그와의 대화는 집중력과 지구력을 요한다. 만나기로 약속하면 살짝 부담되어 한걸음에 달려가지 못한다. 착하고 좋은 사람인데 자주 보고 싶지는 않다. 그 사람의 인성이나 성격, 기타의 이유가 아니라 단지 말 때문에 자주 보기가 부담스럽다.

말이 많아도 그 말이 재밌거나 유쾌하다면 절대 지루하지 않을 것이다. 같은 얘기도 10번 들을 수도 있다. 하지만 그 얘기가 지루하고 따분하다면 한 번도 끝까지 듣기가 힘들다. 당신도 혹시 말 때문에 만나기 꺼려지는 사람은 아닌가?

이 심성 착한 지인의 실수는 바로 내가 말하는 것은 상대가 모두 다 이해할 것이라는, 내뱉는 족족 다 알아들을 것이라는 착각을 깔고 말한다는 것이다. 대부분의 사람이 이렇다. 내가 막 떠들면 떠드는 대로 상대가 막 다 알아들을 것이라고 착각한다.

말하는 사람은 알아듣게끔 얘기해야 하는데 말하고 싶은 대로 떠든다. 말하는 사람은 말을 했다고 생각하고, 듣는 사람은 듣고는 있었지만 무슨 말인지 알아듣지를 못했기 때문에 기억이 나질 않는다. 그래서 오해가 생긴다.

"내가 그때 말했잖아?"

"언제? 네가 착각하는 거겠지? 나한테 말한 적 없어~"

"아 그때 거기서 말했잖아?"

"그래 그때 만났지만 그 얘긴 안 했어. 다른 사람한테 말하고 착각하는 거 아니야?"

"너는 늘 내 말을 그렇게 허투루 듣더라."

중대 사안일수록 감정이 크게 나빠질 수 있다. 말을 장황하게 하는 그 지인은 워낙 착해서 상대와 크게 다투는 경우는 드물지만 피해를 보는 일은 자주 있었다. 예를 들어 자신은 약속이 되었다고 생각하고 나갔는데 상대는 그런 적이 없다고 바람을 맞힌다든지, 돌려받기로 하고 준 물건을 상대는 주는 거라 생각해 돌려주지 않는 식이다. 결과만 보자면 바람을 맞힌 사람, 물건을 돌려주지 않은 사람이 나쁜 사람이지만 따지고 보면 원인은 착한 지인이 제공한 것이다.

착한 지인은 말이 많아서 손해를 보는 격이다. 말은 내 생각과 마음을 전달하기 위한 수단이다. 그러니 막 떠들기만 할 것이 아니라 마음과 생각이 잘 전달되었는지 가끔씩 확인할 필요가 있다.

"무슨 말인지 알겠어?"

"기억하지?"

"이건 잊어버리면 안 돼"

이런 되묻기로 각인시켜야 한다. 다시 되묻기가 쑥스럽다면 말을 쏟아내면서 상대의 표정을 살펴야 한다. 내 말을 잘 듣고 있는지, 지루해 하는지, 흥미로워 하는지 상대의 표정을 살피고 말을 이어 나갈지 아니면 멈출지를 결정할 줄 알아야 한다.

상대가 흥미로워 하지 않을 말을 장황하고 지루하게 늘어놓을 바엔 정확하고 짧게 내가 원하는 바를 전달하는 게 낫다. 장황하게 설명하고 원하는 것을 나중에 이야기하는 미괄식보다는 원하는 것을 먼저 얘기하고 빨리 끝내는 두괄식이 좋다.

지나친 것은 모자람만 못하다. 대부분의 여자들은 지루한 남자보다 차라리 과묵한 남자를 좋아한다. 지루한 말을 많이 하는 사람이라면 차라리 짧고 굵은 화법이 호감을 이끄는 데 도움이 될 것이다.

스피치 코칭 14

잘 듣는 사람이 말도 잘한다

 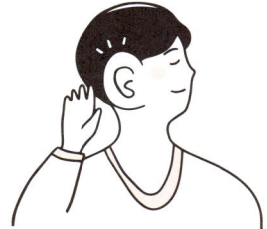

누구나 말을 잘하고 싶어 한다. 어떻게 말을 해야 잘하는 것일까? 답은 의외로 매우 단순하다. 잘 들으면 된다. 상대방의 말을 잘 들으면 그 사람이 무엇을 원하는지 자연스럽게 알게 된다. 잘 듣고 상대방이 듣고 싶어 하는 말을 하면 말 잘하는 사람이 될 수 있다.

다른 사람과 관계를 맺는 데 필요한 사회적 기술을 '대인기술 *interpersonal skill*'이라 한다. 이 능력이 뛰어난 사람들은 사교성이 뛰어나고 친화력이 좋다. 대인기술은 크게 언어적인 기술과 비언어적 기술로 나뉜다.

언어적인 대인기술에는 경청, 질문, 반영과 공감, 설명, 강화 등이 있다. 어찌 보면 각각 다른 기술처럼 보일 수 있지만 대부분 상대방의 입장을 먼저 이해하려 노력한다는 공통점이 있다. 경청과 질문은 말할 것도 없고, 반영과 공감도 마찬가지다. 반영은 상대방이 말한 내용을 자신이 얼마만큼 이해하고 있는지를 확인하는 기능으로 경청을 해야 가능한 기술이다. 공감은 상대방이 하는 말과 감정을 알아주는 기술이다. 공감을 잘하는 사람들은 대부분 경청을 잘하고, 나보다는 상대방의 입장에서 이해하려고 노력한다.

언어적 대인기술 중 가장 기본적인 것은 경청이다. 경청이 우선돼야 상대방의 입장을 이해할 수 있기 때문이다. 상대방의 입장을 알아야 상대를 고려해서 말할 수 있다. 말을 아무리 잘 해도 자기중심적인 말만 쏟아내면 다른 사람들과 잘 지내기 어렵다. 내가 하고 싶은 말을 효과적으로 전달하기 위해서도 먼저 다른 사람이 무엇을 원하는지 먼저 파악하고 이해해야 하기 때문에 경청은 매우 중요하다.

말의 어미만 바꿔도
분위기가 달라진다

며칠 전 방송하는 동생을 만났다. 요즘 화법에 대한 책을 쓰고 있다고 했더니 큰 관심을 보였다. 요즘 엄마들은 아이들 교육에는 지나치게 관심이 많으면서도 관계의 시작인 대화법, 말하는 법의 중요성은 놓치고 있어 공부 잘하는 외톨이, 똑똑한 사회 부적응자를 만든다는 것이다.

우리는 말하는 법을 제대로 배운 적이 없다. 어릴 적 가끔 웅변하는 학원에 다니던 친구들이 더러 있긴 했지만 웅변과 일상의 대화는 다르다. 웅변처럼 일상의 대화를 어떻게 해야 하는지 돈을 주고 배운 사람은 거의 없을 것이다. 숨 쉬는 법을 배우지 않아도 누구나 자연스럽게 하는 것처럼 말하는 법도 일상에서 사람들과 부대끼며 자연스럽게 배우는 것이 전부다.

어렸을 때는 주로 부모나 가족을 통해 말을 배운다. 가족 중에서도 더 많은 시간을 함께 하는 사람의 말을 따라하면서 익힌다. 커가면서 친구나 주변사람에게도 말을 배우지만 기본적인 말하는 법은 대부분 부모에게서 배운다고 보면 된다.

얼마 전 땅콩 회항을 일으켰던 조모 씨 가족을 보아도 알 수 있듯, 그녀의 말투는 무섭게 그녀의 엄마와 닮아 있다. 그녀의 여동생 역시 모전여전이다. 누가 가르쳐 준 것도 아닐 텐데 너무도 똑같이 닮아 있다. 어린 시절 아무래도 아빠보다는 엄마와 함께 하는 시간이 많아서인지, 엄마의 말투를 많이 닮아 간다.

어린 딸이 아빠에게 '오빠~오빠~' 하는 집을 보면 아내가 남편을 오빠라고 부르고 있더라는 이야기를 친구와 수다를 떨며 한 적이 있다. 그 친구는 남편과 동갑내기다. 연애 때부터 친구처럼 반말을 해왔기에 결혼한 지 15년이 다 된 지금도 반말을 한다. 친구는 생각과 동시에 행동으로 옮겨야 하는 급한 성격의 소유자이고, 남편은 여러 번 생각한 뒤 움직이는, 느긋해 보이나 꼼꼼한 성격의 소유자다. 맞벌이 부부인지라 남편이 주말이면 집안일을 맡아 하는 편이다.

어느 주말, 물 마신 컵과 우유, 커피를 마신 컵이 이리 저리 뒹굴 길래 남편에게 한마디 했단다.

"컵 좀 씻어."

"알았어."

"컵 좀 씻으라니까."

"알았다고! 씻으면 될 거 아니야."

늘 그렇듯 별일 아닌 걸로 말다툼이 시작되었고, 또 언제나 그렇듯 옛날 일까지 들먹이면서 큰 싸움이 되었단다. 말다툼이 잦아지고 심해지면서 부부는 어느 순간 스스로 이대로는 안 되겠다 싶어 문제가 무엇인지 분석했고, 원인이 말투에 있다는 것을 알았다. 그날도 "컵 좀 씻어"라는 아내의 말이 반복되면서 명령하는 것으로 들려 남편은 기분이 나빠졌고, 기분 나쁜 남편의 말엔 화가 실렸던 거다.

그날 이후 부부는 말투를 바꾸기로 결정했다. 반말을 존댓말로 즉 끝 어미를 무조건 '요'로 바꾸기로 한 것이다. 처음엔 영 어색해서 그 어색함에 서로 웃고, 낯간지러워 웃었다. 서툴렀지만 싫지 않은 변화에 부부는 꾸준히 노력했다. 그랬더니 정말 말다툼이 줄더란다.

"컵 좀 씻어요."

"알았어요."

말하기는 간지러울지 몰라도 듣기에도 한결 부드럽다. "컵 좀 씻어"라는 독하기만 한 말이 '요'와 만나면서 '컵 좀 씻어요.'라는 한결 부드러운 말로 바뀌었다. 당연히 감정 상할 일이 줄어들고 다툴 일도 줄어들었다.

부부의 대화법은 하나 밖에 없는 아들에게도 영향을 주었다. 어느 날, 6학년 아들이 뜬금없이 말했다.

"엄마 아빠 요즘 사이가 좋아진 거 같아~"

"어 그래? 왜?"

"예전에는 엄마 아빠 툭하면 싸웠잖아. 그래서 얘기하는 거 별로 재미없고 싫었는데 요즘은 같이 얘기하고 있음 재미있어. 하하 암튼 보기 좋아"

그간 말은 안 했지만 삭막한 부모의 말투에 혹시라도 다툴까 주눅 들어있었던 모양이다. 더 늦기 전에 깨달아 천만다행이라며 가슴을 쓸어내렸다. 말투 하나 바꿨을 뿐인데, 끝 어미 하나, 그야 말로 한 끗 차이인데, 이 한 끗 차이로 부부의 관계가 달라지고 가정의 분위기가 달라졌다. 그리고 하나 뿐인 소중한 아이의 정서도 예전보다 확실히 안정되었으니 일석이조가 따로 없다.

남동생 네는 3살 터울의 아들이 둘 있다. 아들만 둘 키워 본 사람은 알겠지만 툭하면 옥신각신 말싸움은 몸싸움으로 이어진다. 오죽하면 아들 둘을 키우면 엄마가 깡패가 된다고 할까? 싸우는 아이들의 목소리에 중재하는 엄마의 목소리까지 담장을 넘어갈 정도로 커진다.

툭하면 다투는 아들들을 보면서 올케가 이대로는 안 되겠다 싶어서 중학생인 큰아들에게 초등학생인 둘째의 공부를 봐주면 용돈을 주기로 했다. 형이긴 해도 공부를 가르쳐주는 선생님이니 선생님에 대한 예의를 갖출 것이고, 그러면 다툼이 좀 줄지 않을까 하는 생각이었다.

형인 큰아들이 좋다고 동의해서 동생 공부를 봐주기 시작했다.

처음부터 순조롭지는 않았지만 올케가 큰아들이 동생 공부를 봐주는 동안은 극진히 선생님 대접을 해주었단다. '선생님'이라는 호칭과 함께 "공부 가르쳐 주셔야죠~선생님" 하면서 존댓말을 썼단다. 엄마가 형을 선생님 대접하니 작은아이도 마지못해 따라왔다.

작은아이의 변화는 의도했던 바라 다행이라 여겼는데 선생님인 형의 변화가 더 컸다. 엄마의 대접이 달라지고 존댓말을 하니 자신도 선생님처럼 행동해야 한다고 생각했는지, 동생을 대하는 태도가 의젓해졌다. 무엇보다 엄마의 말투가 바뀐 덕분인지 큰아들과 엄마와의 관계도 한결 부드러워지고, 그 흔한 사춘기도 무리 없이 넘어가 부모로서는 큰 선물을 받은 것 같다며 감사해했다.

말은 행동을 지배한다. 말만 바꿔도 무섭게 많은 것이 달라진다. 말 하나로 많은 사람들 앞에서 패가망신을 당하는 사람도 있고, 말 하나로 가정에 평화를 얻는 사람도 있다. 말 하나만 바꿔도 모든 것이 좋은 쪽으로 바뀔 수 있는데, 굳이 오해를 불러일으키고, 다른 사람의 감정을 상하게 하는 말을 고집할 이유가 있을까?

나의 꿈을 바꿔 놓은 한마디

나는 꿈을 이룬 운이 좋은 사람이다. 꿈 얘기를 할 때 빼놓을 수 없는 은사님이 한 분 있다. 바로 고등학교 1학년 때 담임이었던 김대호 선생님이다. 그분의 한마디로 나의 꿈은 바뀌었고, 난 그 꿈을 이룰 수 있었다.

아주 어릴 적 꿈은 선생님이었다. 당시에는 친구들 꿈이 대부분 비슷했던 것 같다. 여자 아이들의 꿈은 간호사 아니면 선생님이 많았고 아주 간혹 현모양처를 꿈꾸는 아이들이 있었다. 남자 아이들은 군인, 의사, 대통령이 많았다. 아마도 지금처럼 직업이 다양하지 않았기 때문에 모두가 엇비슷한 꿈을 꾸었던 것 같다.

여느 아이들처럼 내 꿈은 선생님이었다. 유치원 선생님이었다가 중학교 때 영어 선생님이 멋있어 보여 그 이후 영어 선생님으로 바뀌었다. 초등학교 시절부터 중학교 때까지 적어도 10년 가까이 품었던 나의 꿈은 김대호 선생님의 한마디에 아주 쉽게 바뀌었다.

중학 시절, 친한 친구가 방송반을 하고 싶다기에 같이 하면 좋겠다 싶어 방송반 활동을 시작했다. 고등학교 때는 방송반을 하고 싶어 하는 친구들이 많아 경쟁률이 높았지만 방송경험이 있는 사람들만 뽑아 운 좋게 또 할 수 있었다.

고등학교 1학년 때의 일이었다. 교내 합창 대회를 했는데 방송반에서 사회를 맡아야 했다. 2~3학년 선배들은 공부에 전념해야 한다는 이유로 빠졌고, 결국 1학년인 나와 또 한 친구가 사회를 보게 되었다.

합창대회가 끝나자 담임선생님이 교무실로 날 불렀다. 왜 오라는 거지? 내가 뭘 잘못했나? 담임선생님은 미남은 아니었지만 중저음에 부드러운 음성이 좋았다. 고전을 가르치셨는데, 나는 담임선생님을 무척 좋아했다. 워낙 표정이 한결 같은 분이라 좋은 일로 부른 건지, 나쁜 일로 부른 건지 가늠하기 어려웠다. 잔뜩 긴장한 채 교무실로 갔고, 선생님은 날 보자마자 물었다.

"연희 꿈이 뭐냐?"

"예? 아…… 저 선생님이 되고 싶어요. 영어 선생님……"

"그래? 너 방송 일을 하지 그러니? 아나운서가 되는 게 어때? 오늘 아주 잘 했다."

"예? 그것도 좋지만……"

"목소리가 아주 좋아~ 오늘부터 나랑 방송실에서 시 낭송을 녹음하자."

그날부터 선생님의 도움으로 배경음악을 깔고 시 낭송을 녹음했다. 그렇게 녹음한 시 낭송은 '명상의 시간'이라는 타이틀로 매일 종례시간 이후에 교내에 방송되었다. 알고 보니 선생님은 아주 유명한 대학 방송반에서 아나운서로 활동했던 분이었다. 어쩐지 목소리가 너무 좋았다. 선생님은 아나운서가 되고 싶었지만 키도 작고 곱슬머리인데다 시력이 나빠 두꺼운 안경까지 써야 하는 외모 때문에 포기했다고 한다. 어쩌면 선생님은 당신이 이루지 못한 꿈을 제자인 내가 이뤘으면 하는 마음이 있었던 것 같기도 하다. 솔직히 나도 싫지 않았다.

그날 이후 나는 내가 좋아했던 담임선생님의 그날 그 한마디 때문에 아나운서라는 꿈을 키우게 되었다. 잡지를 보다가 멘토로 생각했던 아나운서의 인터뷰를 보게 되었고, 그녀와 비슷한 학교와 학과를 선택했고, 그녀처럼 대학 방송국에도 들어갔다. 그런 경력 덕분에 MBC 전문 MC가 될 수 있었고, 지금까지 천직으로 여기고 감사해하며 방송 일을 하고 있다.

그날 선생님의 한마디가 없었더라면 난 지금 이 글을 이렇게 쓰고 있었을까? 말은 그렇게 위대한 힘과 에너지를 지니고 있다. 특히 존경하거나 좋아하는 사람의 한마디는 인생을 흥하게도 망하게도 할 수 있는 큰 힘을 지닌다.

    꿈을 이루고 아주 한참 뒤에 선생님을 찾아뵙고 선생님 덕분이라고 고마움을 전했다. 선생님은 내가 방송 일을 하면 좋겠다고 생각했지만 그날 나를 불러 말한 것은 기억하지 못하는 것 같았다.

    언젠가 회사를 이직하게 된 후배가 찾아와 감사하다고 인사를 했다. 방송을 잘하고 싶어서 이런 저런 시도도 하고 고민도 많이 할 때 "흉내 내지 말고 너답게 해~"라는 나의 조언이 큰 도움이 되었다고 한다. 덕분에 좋은 대우를 받고 이직하게 되었다면서 진심으로 고마워했다. 내가? 내가 그런 말을 했었나? 어렴풋이 기억이 나기는 했지만 또렷하지가 않다.

    이렇듯 뱉은 사람은 크게 의미를 두지 않더라도 듣는 사람은 인생을 바꾸고 생각을 바꿀 수 있는 한마디가 되기도 한다. 지금, 오늘 내가 의미 없이 내뱉었던 말로 누군가는 새로운 꿈을 꿀 수도 있고, 또 누군가는 인생을 다르게 바라 볼 수도 있다.

    그래서 오늘도 함부로 말할 수가 없다. 그때 그날 담임선생님이 "이제 합창 대회 끝났으니 딴 생각 말고 공부나 해"라고 말했다면 나는 지금 어디서 무엇을 하고 있을까? 오늘 내가 내뱉은 수많은 말들이 누군가에게 크고 작은 도움이 되는 말이었기를 간절히 바란다.

스피치 코칭 15

기대와 믿음!
표현 방법이 중요하다

부모님이나 선생님처럼 영향력이 있는 가까운 어른에게 신뢰를 받으면 '아~ 나를 믿고 있구나. 나에게 그런 능력이 있구나.'라는 긍정적인 생각을 하게 된다. 이렇게 기대가 성취에 미치는 긍정적인 효과를 '기대효과expectancy effects'라고 한다. 칭찬은 그 기대효과를 불러올 수 있는 방법 중 하나다.

하지만 칭찬이 무조건 기대효과를 부르는 것은 아니다. 칭찬으로 긍정적인 효과를 얻으려면 사실에 기반을 두고, 있는 사실을 긍정적인 방향이나 긍정의 단어로 바꿔 말하는 것이 좋다.

범죄심리학자 표창원의 어머니 이야기는 아이를 키우는 부모들 사이에서 꽤 유명하다. 표창원은 어렸을 때 산만해 학교에서 혼이 많이 났던 학생이었다고 한다. 그런데 어머니는 학교에서 학부모 상담을 한 후 그에게 좋은 이야기만 해주었다. 몇 가지 예를 들어보면 다음과 같다.

"아드님은 산만해서 3분도 앉아 있지를 못합니다."(선생님)

"선생님이 1분도 앉아있지 못하던 네가 3분이나 앉아 있었다고 칭찬하시더라."(어머니)

"아드님 성적으로 명문고에 들어가는 건 좀 어렵겠는데요."(선생님)

"선생님께서 너는 조금만 더 노력하면 명문대도 갈 수 있겠다고 말씀하시더라."(어머니)

늘 아들을 믿으며 긍정적으로 이야기해준 어머니 덕분에 표창원은 명문고에 진학할 수 있었고, 뛰어난 성적으로 졸업한 후 명문대학에 합격했다. 기대효과가 긍정적으로 나타난 좋은 예이다.

다만 칭찬으로 하는 말이라도 그것을 어떻게 표현하느냐에 따라 높은 기대감으로 인해 부담을 느끼거나 진실이 아니라고 생각할 수 있다. 물론 어떤 사람들에게는 그 부담이 자신을 발전시키는 원동력이 되지만 대부분 너무 큰 기대는 힘겨워한다.

만약 어머니가 아들에게 "선생님께서는 네가 3분도 앉아있지 못하는 산만한 아이라고 하셨지만 엄마는 너를 믿는다."라고 말했다면 어땠을까? 혹은 "선생님께서 너는 충분히 명문대에 갈 수 있는 학생이라고 칭찬하시더라."라고 했다면? 아마도 큰 기대에 대한 부담으로 인해 긍정적인 기대효과는 어려웠을 것이다.

부정적인 상황에서 무조건적인 기대나 긍정의 말은 긍정이 아니라 회피가 된다. 다른 사람은 모두 NO라고 할 때 "나는 아니야. 널 믿어."라고 말하는 것 또한 긍정적인 효과보다 상대에게 부담을 주는 말이 된다. 상대방의 기대효과를 바란다면 칭찬할 때는 긍정으로 말하되 반드시 사실에 기반을 두고 긍정적으로 말해야 한다는 것을 꼭 기억하자.

혀 안에 도끼 들었다

'몸에 좋은 것은 쓰고, 해로운 것은 달다'는 말이 있다. 말은 좀 다른 것 같다. 좋은 말은 달고, 나쁜 말은 쓰다. 쓴 정도가 아니고 독이 되어 사람을 죽이기도 한다.

'올드보이'라는 영화가 있다. 한 남자가 영문도 모른 채 15년 동안 감금되어 지낸다. 그 오랜 세월 그에게 허용된 음식은 오직 군만두뿐이다. 그래서 나는 '올드보이'하면 군만두가 먼저 떠오른다. 우여곡절 끝에 감금에서 풀려난 주인공은 자신이 왜 갇혔는지 그리고 누가 자길 가뒀는지 알아내기 위한 여정을 시작한다.

화근은 '말'이었다. 아무 생각 없이 주인공이 내뱉은 말은 천리를 가고, 그 소문으로 한 여고생이 자살한다. 누나를 사랑했던 남동생은 오랜 시간 힘을 갖추고, 그런 일이 있었는지 기억조차 희미해질 무렵 주인공에게 복수를 시작한다. 세치 혀가 사람 잡는다는 속담이 딱 어울리는 영화였다. 주인공이 무심코 내뱉은 말은 독이 되어 남매의 인생과 목숨을 송두리째 앗아갔다.

몇 년 전에 봤던 '마음이 외치고 싶어 해'라는 일본 영화도 '말'의 무서움을 보여준다. 말하기를 좋아하는 수다쟁이 주인공이 어릴 적 내뱉은 한마디로 부모는 이혼하게 된다. 집을 나서던 아빠는 무서운 목소리로 "너 때문이야, 너의 수다 때문이야"라는 말을 남기고, 영영 집으로 돌아오지 않는다. 아빠의 마지막 말에 상처를 입은 소녀는 이후로 입을 닫는다. 화가 나서 내뱉은 아빠의 말이 독이 되어 딸의 목소리를 잃게 한 것이다.

'혀 아래 도끼 들었다'라는 속담이 있다. 말을 잘못하면 사람을 해칠 수 있으니 늘 말을 조심하라는 뜻이다. 말이란 이렇듯 그 어떤 흉기보다 무섭게 사람을 다치게도 하고, 죽게도 한다. 참 무서운 일이다.

반면 말이 사람을 살리는 일도 종종 있다. 나와 나이가 엇비슷한 남자 동료는 쇼호스트 실에서 자리도 바로 뒤라 자주 보는 편이다. 나이도 처지도 비슷해 친하게 지낸다. 어느 날 낯빛이 좋지 않아 안부를 물으니 아버님이 많이 편찮으시단다. 큰 수술을 하셨고, 연로해서 잘 회복되지 않아 걱정이라고 한다.

"입맛을 잃으셨나 봐요. 잘 드셔야 하는데 통 드시려 하지 않네요.

이러다 큰일 치르는 거 아닌가 걱정이야."

우리 나이쯤 되면 부모님의 건강이 늘 걱정인지라 그 마음이 어떨지 너무 공감이 갔다. 그러다 얼마 후 다시 마주쳐 아버님의 건강을 물으니 밝은 표정으로 답한다.

"많이 좋아지셨어요. 며칠 전에 그 유명한 한의사 있잖아요. 맥을 좀 보고 보약 좀 해드리려고 그 친구를 불렀어요. 그 친구가 맥을 짚더니 '아…… 아버님 아주 건강한 체질이시네요. 문제없어요. 잘 드시면 다 좋아지시겠네.'라고 말하더라고요. 그 말 들더니 그냥 바로 좋아지셨어요. 요즘은 밥도 잘 드세요."

정말 명의다. 말 한마디로 병을 고쳤으니 이보다 훌륭한 명의가 또 있을까? 그 어떤 보약보다 말이 명약인 셈이었다.

지금은 미국에 살고 있는 사촌 여동생의 인생을 바꿔 놓은 말이 있다. 막내 이모는 딸만 넷이다. 이모부와 연애결혼을 했던 막내 이모는 이모부가 일찍이 일을 그만 두어 생활이 점점 힘들어졌다. 그런데도 아들을 낳고 싶은 욕심에 애를 낳고 또 낳다보니 딸만 넷이 된 것이다. 경제적으로 넉넉지 않은데, 아이는 넷이나 되니 삶은 더욱 고단할 수밖에 없었고 그만큼 이모와 이모부의 다툼도 잦았다.

이모네는 싸우다 지쳐 살기 위해 미국 이민을 결정했다. 그런데 이민을 가면 두 분 다 일을 해야 하기에 갓난아기인 넷째가 걸림돌이었다. 나머지 딸들이라도 잘 키우기 위해서는 막내딸을 데려갈 수 없다고

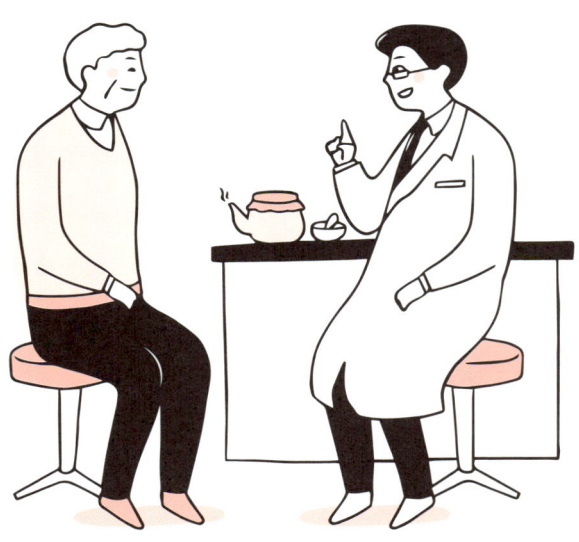

생각했던 것 같다. 마음은 아프지만 두 분은 막내딸을 입양 보내기로 큰 결단을 내리고, 한국에 두고 미국으로 떠나셨다. 그리고 언제였는지는 정확히 모르겠지만 다시 들어와서 막내딸도 데려갔다.

얼마 전 이모가 한국에 왔을 때 아팠던 옛날 그 기억을 다시 꺼냈다. 막내딸을 입양 보내려고 두고 갔는데, 눈에 밟혀 못 살겠더란다. 밤낮 없이 일을 해야 다섯 식구 겨우 먹고 살 수 있기에 이러지도 저러지도 못하면서 애만 태우셨단다.

그러던 어느 날 자려고 누워 막내딸을 그리워하며 눈시울을 적시고 있었는데, 문득 미국으로 떠나기 전 힘들 때 봤던 점쟁이의 말이 떠올랐다고 한다.

"막내가 또 딸이라 서운하겠지만 나중에 크게 효도할 테니 잘 키우라고……"

딸을 데려오고 싶은 이모의 간절한 마음을 합리화시키기에 좋은 억지스러운 이유였겠지만 그날 막내딸을 데려오기로 결심했다. 말도 안 통하는 이국땅에서 어린 네 딸을 키우기 위해 식사도 걸러 가며 안 해 본 일 없이 다 하셨단다. 정말 고생 많이 하셨다.

돌아가신 어머니도 살아생전에 이모 걱정을 많이 하셨다. 치매로 모든 기억이 희미해져도 막내 이모 이름만큼은 끝까지 기억하셨다. 가끔은 나를 보고도 '영옥아' 하며 막내 이모의 이름을 부르기도 하셨다. 나이 차가 많이 나는 막내 이모를 딸처럼 여기며 안쓰러워 하셨고, 내

내 그리워하셨다.

　모두가 걱정할 만큼 힘들게 사셨던 막내 이모는 이모부가 원망스럽고 죽지 못해 사셨다지만 얼굴조차도 기억나지 않는 그 점쟁이의 말 한마디가 네 딸을 키우면서 정말 큰 힘이 되었단다. 그 막내딸은 지금은 정말 크게 효도하는 예쁜 딸이다. 그때 그 점쟁이의 한마디가 없었다면 사촌 여동생은 어떻게 되었을까?

　말은 이렇게 그 어떤 명약보다 좋은 약이 되어 아팠던 사람을 낫게도 하고, 죽을 뻔한 사람을 살리기도 한다. 사람을 살리는 약으로 만들 것인가? 사람을 해치는 독으로 만들 것인가?

　선택은 오롯이 말을 내뱉는 나의 몫이다.

말이 씨가 된다

'말이 씨가 된다.'는 말이 있다. 행복과 불행의 씨앗은 이미 그 사람이 하는 말 속에 들어 있다는 뜻이다. 너무 유명한 말이어서 모르는 사람이 없고, 정말 그럴 수 있다는 것을 알면서도 늘 그렇듯 아는 것 따로, 행동하는 것 따로다. 생각한 대로 말하는 게 쉽지 않다.

난 말하는 것을 업으로 삼는 사람이라 말버릇의 중요함을 알고 있어 평소에도 말의 습관에 신경을 쓰는 편이다. 나보다 더 예쁜 말버릇을 갖고 있는 친구가 있다. 성격이 밝고 긍정적이고, 말도 늘 예쁘게 한다.

그 친구가 유방암으로 2주간 입원한 적이 있다. 암 중에서는 예후가 좋은 암이라고는 하지만 오른쪽은 2기였고, 왼쪽도 1기였다. 긍정의 아이콘인 친구였지만 많이 당황하고 무서워했다. 암 진단을 받고 이틀은 건들기만 해도 눈물이 났지만 곧 정신을 차렸다고 한다. 일어나지 않았으면 좋았을 일이지만 어차피 닥친 일이고, 그 큰 좌절과 절망을 이겨내기 위해 좋은 에너지가 필요하다고 생각했단다.

나를 포함한 많은 사람이 친구를 걱정하며 슬퍼했다. 친구는 같이 슬퍼해 주는 것은 고마웠지만 안타까워하고 눈물을 쏟아내면 더 우울해졌다고 한다. 그때부터 걱정하는 가족과 지인들에게 선포하듯 말했다.

"걱정 대신 기도해주세요. 걱정할 시간에 기도해주세요"

그 이후로 걱정의 문자는 기도의 문자로 바뀌었다. 모두의 간절한 기도 덕분인지 1차 검사 결과 다행히 전이가 없는 것으로 나왔단다. 그녀는 병문안을 온 친구에게 농담 반 진담 반을 섞어 말했다.

"네가 평생 내 곁에서 날 쥐어박아도 난 감사하며 살 거야."

병문안 와서 슬픈 표정을 하는 사람들에게는 오히려 거꾸로 위로하며 안심시켰다.

"괜찮아~ 이 정도만도 얼마나 감사한데…… 1년 전에도 이상하다고 했는데 무시하고 묵힌 거에 비하면 정말 감사할 일이지."

"괜찮아"라는 말을 얼마나 많이 했던지 간병인 아주머니가 "맨날 괜찮대~"라며 한마디 했다고 한다. 정말 괜찮았단다. 괜찮다고 습관처럼 내뱉으니 정말 마음속부터 괜찮아졌다고 했다. 이상하리만치 평화롭게 괜찮았다고 한다.

수술 이후에도 모든 경과가 다 좋았다. 항암치료는 말할 것도 없고 방사선치료도 안 해도 된다 했단다. 기적적인 결과였다. 겉으로는 내색도 못하고 혼자 속으로 애태웠던 나도 그 놀라운 결과에 진심으로 기뻤다. 하늘이 착한 친구를 도왔겠지만 그 친구가 "괜찮다"고 끊임없이 말하며 스스로를 안심시켰고, 주변 사람들도 걱정이라는 마이너스 기운이 아닌 잘 될 거라는 긍정의 기운을 보내주었기에 좋은 결과가 있었다는 생각이 들었다.

같은 시기에 반대의 경우도 경험하였다. 친구는 양쪽 가슴을 모두 절제하여 두 팔을 사용하는 게 불편해서 간병인을 두었다. 70세가 넘은 나이 지긋한 아주머니였다. 명절 전이어서 간병인 구하기가 쉽지 않아 나이는 좀 많았지만 경험이 풍부할 것이라 생각하고 좋은 마음으로 부탁하였다 한다.

그러나 그 아주머니, 경험만큼이나 말도 많았다. 나이를 먹으면 자기 얘기가 많아진다는데, 아주머니는 틈만 나면 29살 젊은 나이에 자식 넷을 혼자 키우면서 고생한 얘기를 하고 또 했다. 안타깝게도 그 자식 넷이 다 맘에 안 드는 모양이다. 시간만 나면 첫째부터 막내까지 당신 속을 태운 얘기를 하고 또 했단다. 남편 복 없는 년, 자식 복도 없다면서 신세 한탄이 끊이지 않았다.

내가 있어도 아주머니는 아랑곳하지 않고 같은 얘기를 반복했다. 얘기를 듣고 있으면 어찌 저리 박복할까 싶어 안쓰러운 마음이 들기도 했다.

아주머니는 불만은 많아도 속정은 많아 보였다. 다른 사람에게 크게 폐 끼치지 않고 살려고 애쓰는 부지런한 분이었다. 하지만 시간이 지날수록 안쓰러움은 짜증으로 바뀌기 시작했다. 말도 많이 하지만 그 많은 말이 거의 대부분 투덜거림이었다. 어찌나 투덜대는지 듣고 있다 보면 내용은 귀에 들어오지 않고 짜증이 차곡차곡 쌓였다.

남과 함께 하는 말도 많았지만 혼잣말도 많았다. 그 혼잣말 역시 대부분 투덜거림이었다. 밤에 누군가 늦게까지 불을 켜고 있으면 안 자고 환하게 불을 켰다고 투덜댔다. 누군가 밖에서 떠들고 있으면 다른 사람 자는데 떠든다고 불평했다.

이런 식의 투덜거림은 코를 곯기 직전까지 이어졌다. 눈뜨면서 시작되는 험담과 투덜거림은 깊은 잠에 들어서야 끝이 났다. 아주머니는 입버릇처럼 인연을 끊다시피 한 큰 아들이 서운하다 하셨다. 모르긴 몰라도 아주머니의 투덜거리는 버릇은 자식들도 좋아하지 않았으리라.

습관이 인생을 바꾼다고 했던가? 말버릇도 습관이다. 그렇다면 말버릇도 인생을 바꿀 수 있다는 것이다. 불교에 '삼업'이라고 있단다. 그 중 하나가 말로 짓는 구업(口業)이다. 즉 말로서 짓는 죄라는 의미이다. 말로 짓는 망어(거짓말), 양설(상대를 이간질시키는 말), 악구(욕설과 험담), 기어(이치에 어긋나는 괴변)를 잘 다스려야 재앙을 피해 갈 수 있다고 한다.

간병인 아주머니는 습관처럼 자신도 모르게 매일 매일 구업을 짓고 있었는지도 모르겠다. 사람은 인생이라는 시간 속에서 살아가면서 업을 지을 수밖에 없는데, 지은 업은 반드시 돌아오기 때문에 말을 조심해야 한다고 한다.

우리는 하루에도 수없이 많은 말을 쏟아낸다. 그 많은 말들이 그대로 현실이 될 수 있다고 생각하면 아찔하다. 내 친구처럼 말로 복을 부를 수도, 친구를 간병했던 아주머니처럼 말이 복을 찰 수도 있다. 그러니 말은 진정 함부로 해서는 안 된다.

4장

따뜻한 위로 vs 차가운 위로

위로와 의도 사이

방송이 끝나고 핸드폰을 켠다. 방송하는 동안 급하게 연락 온 것은 없는지…….

역시나 오늘도 친구의 톡이 와있다. 가끔 안부를 묻고 얼굴 보자는 톡을 보내오는 친구는 요즘 나의 부친이 병원에 입원해 있다는 사실을 알고 더 자주 톡을 보내온다. 한 문장으로 보내도 될 톡을 3번이나 4번으로 나누어 보낸다.

친구야 잘 지내지? / 아버님은 좀 어떠셔? / 시간 될 때 얼굴 보자. 친구야 요즘도 바쁜거? / 아버님은 어떠셔? / 나도 요즘 일 없이 바쁘네. / 얼굴 본 지 오래네. 얼굴 보자.

친구야 방송하네? / 아버님은 좀 좋아지셨니? / 요 며칠 감기로 고생 중이네. / 시간 될 때 놀러와. 얼굴 잊겠네.

며칠인지 몇 달인지 몰라도 크게 달라지지 않는 친구의 안부 톡에 나도 더 이상 성의를 보이지 않는다. '응 고마워. 감기 조심하고 곧 얼굴 보자' 썼다가 '언제 올래?' 물을까 서둘러 지운다. 결국 '응 고마워 이래저래 바쁘네…… 아빤 그냥저냥…… 좋아지셔야 할 텐데……'라고 톡을 보낸다.

늘 먼저 안부 물어주고, 편찮으신 나의 아버지까지 걱정해주는 고마운 친구이지만, 언제부터인가 솔직히 그리 고맙지가 않다. 오히려 짜증이 더해진다. 왜 그럴까.

처음부터 친구의 위로가 싫지는 않았다. 어머니가 먼저 돌아가시고 홀로 계신 아버지는 연세에 비해 아주 정정하셨다. 그런 아버지가 늘 자랑스러웠다. 90세가 넘으셨어도 바닥에 앉았다가도 혼자 일어나시고, 아침마다 동네 한 바퀴를 산책할 정도로 건강하셨는데, 갑자기 쓰러져 병원에서 일어나지 못하는 아버지가 너무 안쓰럽고 안타까웠다.

그렇게 비통해도 먹고 자고, 일할 수밖에 없는 자식이라 죄스러운데 그런 마음을 조금이라도 위로해 주겠다고 '아버님은 괜찮으시니?' 물어주는 친구가 진심 고마웠다. 하지만 늘 똑같이 물어오는 질문과 마무리 짓는 문장은 나를 압박해 온다.

'얼굴 잊겠다. 얼굴 보자고…… 언제든 연락해'

일도 해야 하고 병원에 계신 아버지도 찾아봬야 하고 더 바빠졌을 나에게 또 하나의 할 일을 더하는 느낌이다. 술을 좋아하는 친구는 술자리를 만드는 것을 좋아한다. 그것을 잘 알기에 안부를 핑계로 위로를 한다고 톡을 보냈고 본심은 '밥 먹고 술 한 잔 해야지?'가 아니었을까 자꾸 진심을 오해하게 된다.

물론 착각일 수 있다. 친구는 정말 이래저래 힘든 나를 위로하고 싶었을지도 모른다. 그렇지만 언제나 비슷비슷한 내용에 톡 마지막에 언제나 똑같이 '얼굴 보자, 연락해'라는 말이 붙으니 시간 내서 봐야 할 것 같은 부담이 쌓인다.

마음에 여유가 없으니 친구의 톡을 있는 그대로 받아들이지 못하는 것일 수도 있다. 하지만 위로가 위로로 전달이 되려면 오롯이 위로만 담겨야 하지 않을까? 혹시라도 위로 속에 다른 의도가 담기고, 그 의도를 상대방에게 들키거나 의도가 있다는 오해를 불러일으킨다면 차라리 아니 한만 못한 것 같다.

스피치 코칭 16

동일한 패턴의 말은
진심을 오해받기 쉽다

어떤 사람은 특별히 대단한 위로의 말을 한 게 아닌데도 엄청 위로가 되고, 어떤 사람은 나를 위로하려는 말과 액션을 취하지만 그다지 기분이 좋지 않다고 느낄 때가 있다. 친구는 분명히 '잘 지내?', '아버님 어떠시니?'라며 여러 번 안부를 물었고 관심을 주었다. 그런데 왜 이 문자들을 보고 위로보다는 불편감을 느꼈을까.

받은 문자 내용	각 문장의 핵심	말의 구조
친구야 잘 지내지? 아버님은 좀 어떠셔? 시간 될 때 얼굴 보자	① 잘 지내? ② 아버님은 어떠시니? ③ 얼굴 보자	① 보편적 인사 ② 안부 ③ 용건
친구야 요즘도 바쁜겨? 아버님은 어떠셔? 나도 요즘 일 없이 바쁘네 얼굴 본 지 오래네 얼굴 보자	① 잘 지내? ② 아버님은 어떠시니? ③ 난 어떻게 지내 ④ 얼굴 보자	① 보편적 인사 ② 안부 ③ 자신의 근황 ④ 용건
친구야 방송하네? 아버님은 좀 좋아지셨니? 요 며칠 감기로 고생 중이네 시간 될 때 놀러와 얼굴 잊겠네	① 잘 지내? ② 아버님은 어떠시니? ③ 난 어떻게 지내 ④ 얼굴 보자	① 보편적 인사 ② 안부 ③ 자신의 근황 ④ 용건

친구가 보낸 톡은 내용의 변화 없이 말의 구조가 똑같이 반복되는 형태이다. 이처럼 보편적인 인사와 똑같은 안부를 계속 반복하면 진심

으로 위로하고 싶었다 하더라도 상대방은 자신의 용건을 전달하기 위해 그냥 하는 인사말로 받아들일 수 있다. 흔히 사람들이 누군가를 만났을 때 '밥 먹었어?'라고 물어보는 것처럼 정말 밥을 먹었는지 궁금하지 않아도 하는 인사말과 비슷한 맥락이다.

'사랑합니다. 고객님'이라는 말도 마찬가지이다. 이 말을 진짜라고 믿는 사람은 없을 것이다. 그저 고객에게 친절함을 전달하려는 상투적인 말일 뿐이라고 생각하는 사람들이 많다.

이처럼 똑같은 말을 항상 반복하면 말하는 사람은 진심이었어도 듣는 사람 입장에서는 별 의미 없는 형식적인 말이라고 오해하기 쉽다. 내 상황이 괜찮을 때는 '그냥 그럴 수도 있지'하고 넘어갈 수 있다. 하지만 내가 힘든 상황에서 반복되는 말을 계속 들으면 말하는 사람이 용건을 꺼내기 전에 자기 마음 편하고자 그냥 하는 인사라고 느끼게 된다.

위로 속에 의도가 담겼다는 오해를 받지 않으려면 같은 내용의 말이라도 순서를 다르게 하는 것이 필요하다. 여기에 상대의 상황이나 마음을 읽어주는 말이나 용건만이 아니라 나의 생각과 마음도 함께 표현하면 더 좋다.

원래 문자 내용	말의 구조는 같지만 표현을 다르게 한 내용
친구야 잘 지내지? 아버님은 좀 어떠셔? 시간 될 때 얼굴 보자	친구야 잘 지내지? 저번에 아버지가 일어나서 활동도 좀 하신다고 들었는데 아버님은 좀 어떠셔? 우리 몇 달 전에 보고 한동안 못 봤는데 어떻게 지내는지 궁금하다. 보고 싶기도 하고~ 시간 될 때 얼굴 보자
원래 문자 내용	구조도 표현도 바꾼 내용
친구야 요즘도 바쁜겨? 아버님은 어떠셔? 나도 요즘 일없이 바쁘네 얼굴 본 지 오래네 얼굴 보자	친구야 얼굴 본 지 오래돼서 연락했어 나는 요즘 특별한 일 없이 바쁘네 실속 없이 바쁘기만 해서 그런지 친구들 생각이 더 자주 나 너는 어떻게 지내? 여전히 일이 많지? 요즘도 바쁜겨? 아버님은 어떠셔? 지난번에 아버님이 좀 나아지셨다는 얘기를 들었는데 요즘은 어떠신지 궁금하다

이렇게 말하는 것을 단순한 스킬이라고만 생각할 수도 있지만 여러 번 비슷한 내용의 문자를 보내거나 말을 할 때는 내 말이 상대에게 어떻게 전달될지 생각해 보고 말의 구조나 표현을 바꾸는 것이 좋다. 말을 한다는 것 자체가 상대방과 관계를 맺고 상호작용하는 것이기 때문에 상대방이 어떻게 들을지 배려하고 말을 해야 진심을 더 잘 전달할 수 있다.

괜찮아, 아무것도 아니야

"건강검진을 했는데 갑상선암이래요.
초기여서 수술만 하면 된대요."

가족처럼 가깝게 지내는 친한 동생이 어느 날 아무렇지도 않은 목소리도 웃으면서 말했다. 외모는 소녀처럼 가녀린데 강단이 있는 동생답게 암이라는 진단에도 태연해 보였다.

실제로 갑상선암은 '착한 암'이라 불린다. 다른 암에 비해 진행이 느리고, 다른 곳에 전이가 잘 안 되기 때문에 그렇게 불리는 것 같다. 그런 갑상선암 초기이니 나 또한 크게 걱정스러운 상황은 아니라고 생각하며 안도했다.

"그렇구나. 갑상선암은 착한 암이래. 아무것도 아냐"

그러고는 그날 아무 일도 없었던 것처럼 곧장 화제를 바꿔 즐겁게 이야기하고 맛있는 것도 먹고 헤어졌다. 이후 몇 번 더 동생을 만났는데, 평온한 모습이었다. 수술을 해야 한다는 두려움도 없어 보였고, 평소처럼 밝게 웃어 동생이 갑상선암 진단을 받았다는 사실조차 자꾸 잊을 정도였다. 잘 기억은 나지 않지만 만날 때마다 '별거 아니다'라는 식의 말을 했었던 것 같다.

시간은 흘러 어느덧 동생이 수술할 날짜가 코앞으로 닥쳤다. 처음 수술 날짜가 잡혔을 때는 큰 병원이라 너무 오래 걸린다는 생각을 했는데, 순식간에 시간이 지나버렸다. 어디까지나 내 기준에서는.

수술을 며칠 앞둔 어느 날, 동생에게 '수술 잘 받으라'는 응원을 하기 위해 전화를 했다.

"여보세요."

수화기를 타고 넘어오는 동생의 목소리가 평소와 달랐다. 울다가 전화를 받았는지 목소리에 미세한 떨림이 있었다. 늘 담담했던 동생이기에 나도 좀 당황스러웠다.

"왜, 무슨 일 있어?"

"아니에요. 처음에는 괜찮았는데 자꾸 왜 내가 암이 걸렸을까 화가 나기도 하고, 사람들이 아무것도 아니라고 하니까 섭섭하기도 하고 그래요. 아무것도 아닌 게 아니잖아요. 갑상선암도 암인데……."

순간 아차 싶었다. 나 또한 위로한답시고 '아무것도 아니다'라는 말을 꽤 많이 하지 않았던가. 암이라고 무서워하지 말라는 의미에서 한 말인데, 섭섭하게 느꼈다니 그동안 동생의 진짜 속마음을 몰랐다는 자책감이 밀려왔다. 입장을 바꿔 만약 내가 암에 걸렸는데 누군가가 아무것도 아니라고 말했다면 나는 어떻게 받아들였을까? 상대방이 어떤 의도로 그런 말을 했는지는 알겠어도 나 또한 조금은 섭섭했을 것 같다.

그때 동생에게 어떻게 이야기해 주는 게 좋았을까? 동생 말대로 아무리 착한 암이라도 암이라는 글자가 주는 공포가 있다. 그러니 어떻게 말하든 먼저 동생의 감정을 읽어주고 안심이 될 만한 말을 해주었어야 한다는 생각이 든다.

사실 나는 누군가가 아플 때 너무 호들갑을 떨며 걱정하는 것은 좋지 않다고 생각한다. 이미 아파서 걱정이 한가득인 사람 앞에서 더 놀라고 걱정하는 말을 늘어놓거나 표정을 짓는 것은 아무런 도움이 되지 않는다고 생각하기 때문이다. 담담하고 차분하게 듣고 너무 호들갑스럽지도 않게, 너무 우울하지도 않게 위로의 말을 건네는 것이 좋다고 생각한다. 그래서 "괜찮아, 아무것도 아니야"라고 말했는데 좀 더 신중했어야 했다.

아, 정말 위로와 응원이 될 만한 말을 한다는 것은 언제나 어렵기만 하다.

스피치 코칭 17

상대방의 마음을 읽어주는 것부터 위로는 시작한다

보통 위로를 할 때 앞에 소개한 에피소드처럼 '별일 아니야' 혹은 '아무것도 아니야'라는 식으로 상황을 단순하게 말하거나 '괜찮아질 거야' 혹은 '힘내'라는 응원의 말을 많이 한다.

얼핏 보면 마땅히 할 수 있는 말처럼 보인다. 하지만 상대방의 아픔을 공감하는 멘트 없이 '별일 아니야' 혹은 '아무것도 아니야'라고 말하면 상대방은 자기 일이 아니라고 쉽게 말한다고 오해할 수 있다.

'힘내'라는 응원의 말도 마찬가지이다. 상대방의 상황이나 마음을 먼저 읽어주고 내 진심을 전한 다음 '힘내'라고 하면 괜찮지만 응원의 말을 먼저 전하면 빈말처럼 들리거나 힘내야 한다는 것을 강요받는 느낌이 들 수도 있다.

모든 대화가 그렇지만 위로의 말도 상대방의 상황이나 감정에서 시작해야 한다. 상대의 마음을 알아주고 그 마음에 공감하는 것이다. 여기에 자신의 솔직한 생각과 마음을 더하면 이야기가 더 진솔해진다.

암 진단을 받은 동생이 너무 무서워하지 않도록 '그래, 아무것도 아니야'라고 하기 전에 '나는 얘기만 들어도 심장이 뛰는데 너는 얼마나 놀랐겠어. 근데 너무 담담하게 얘기해서 마음이 쓰인다.' 이런 이야기를 먼저 했다면 덜 오해했을 수 있다.

어떤 말을 해야 위로가 될지 모르겠다면 굳이 애써 할 말을 찾지 말고 손을 잡거나 안아주는 따뜻한 스킨십을 하는 것도 좋다. 직접 만나야 가능한 위로이지만 스킨십만으로도 큰 위로가 된다.

신체와 내면은 연결성이 있다. 신체의 사소한 몸짓이나 표정에도 감정이 드러나기 때문에 심리학에서는 표정이나 신체 동작을 시그널로 여겨 하나하나의 의미를 해석하기도 한다. 그래서 스킨십이나 몸짓은 자신의 내면을 표현하는 또 다른 언어이기도 하다.

진심으로 상대방을 걱정하고 힘이 되어주고 싶은 마음으로 손을 잡거나 포옹을 하면 상대방은 그 마음을 그대로 느낀다. 어깨를 가만히 토닥토닥해 주는 스킨십은 상대방에 대한 신뢰와 응원을 의미한다. '지금은 너무 힘들지만 너는 이겨낼 수 있을 것'이란 메시지를 담고 있는 셈이다.

반대로 똑같이 손을 잡는 행위인데도 경계하는 마음으로 손을 잡으면 그 감정이 상대에게 고스란히 전달된다. 결국 스킨십이라는 언어로 이야기할 때도 진심이 담겨야 한다. 상대방을 진심으로 걱정하는 마음, 힘이 되어주고 싶은 마음만 있으면 어떤 형태의 스킨십이든 다 훌륭한 위로가 된다.

동병상련은 힘이 세다

손에 꼽는 인생드라마가 있다. 몇 년 전에 보았던, 지금도 생각만으로도 마음이 따뜻해지는 그런 드라마이다. 눈빛만 봐도 알 수 있는 20년 지기 의사 친구들의 병원 이야기가 주 테마이다. 매회가 감동이었고 재밌었지만 지금까지도 먹먹하게 기억되는 한 장면이 있다.

장기이식을 기다리는 소아병동의 두 엄마. 한 엄마는 딸아이가 심장이 아파 이식을 기다리며 중환자실을 다섯 달을 지켰고, 또 한 엄마는 놀이터에서 놀던 아들이 갑자기 쓰러져 병원살이를 시작했다. 두 엄마가 어떤 대사를 주고받았는지 또렷이 기억이 나진 않지만 서로를 바라보던 애절하고 비통한 눈빛은 아직도 생생히 기억이 난다.

여러 말 하지 않아도 둘은 서로가 서로를 위로하는 듯했고, 진심으로 울어주는 것 같았다. 서로를 안고 등을 토닥이는 것만으로도 서로에게 큰 힘이 되는 거 같았고, 그 위로가 나에게까지 닿아 맘 아프고 가슴이 저며 눈이 붓도록 울었다.

두 엄마가 별말 없이도 큰 위로를 주고받을 수 있었던 것은 많이 아픈 아이를 둔 엄마라는 공통점이 있었기 때문일 것이다. 나도 비슷한 경험을 한 적이 있다. 지금은 좋은 사람을 만나 재혼을 했지만, 얼마 전까진 이혼녀였다. 지금이야 두 집 걸러 한 집이 이혼을 할 정도로 흔해져서 그리 이상할 것도, 흉이 될 것도 없다지만 내가 이혼을 했던 10년 전만 해도 숨기고 싶은 과거요, 허물이었다.

인생에서 처음 겪는 유쾌하지 않은 중대 사안이었고, 부모님과 가족들의 동의하에 이혼을 결심했다. 지금 생각해도 매우 바람직했던 선택이었지만, 그때 당시엔 꽤나 불안했고 두려웠다. 친구들이나 주변 사람들의 시선이나 생각은 크게 신경 쓰이지 않았지만 매일 얼굴을 맞대고 같이 일을 해야 하는 회사 동료들은 달랐다. '어떻게 말을 해야 하지?', '언제 얘길 해야 하지?' '일에는 지장이 없을까?' 등등 회사에서의 하루하루는 가시방석이었고 편치 않았다.

그 불편하고 불안한 마음을 어딘가에 덜지 않으면, 폭발할 것만 같았다. '누구한테 먼저 얘길 하지?', '누가 내 이런 불안한 맘을 알아줄까?' 고민 고민하다 찾은 상대는 친한 피디도 동료도 아니었다. 나보다 먼저 이혼을 겪었던 동료였다. 친하기로 따지면 순위에서 좀 밀리지만,

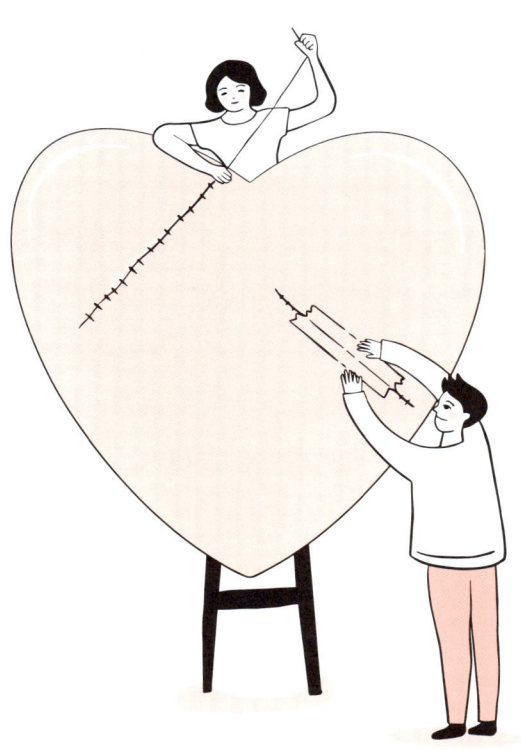

내 맘을 젤 잘 알아줄 것 같았다.

밥을 먹자는 내 제안에 선뜻 약속을 했지만, 마주 앉은 동료는 좀 의아해 했다. 그도 그럴 것이 오랫동안 같은 회사를 다녔지만 단둘이 하는 식사는 처음이었다. 음식이 나오기 전에 내가 먼저 입을 열었다. '에라 모르겠다'라는 심정으로 '나 이혼했어요' 서둘러 말을 내뱉었다.

그의 표정은 아주 덤덤했다. 그 덤덤한 표정이 오히려 안심이 되었다. 내 얘기를 쭈욱 들은 동료는 '처음에만 낯설어요. 또 일상이야 아무것도 아니에요. 괜찮아요'라고 말했다. 행복한 결혼생활을 하고 있는 친구가 이렇게 얘길 했다면 '네가 뭘 알아? 듣기 좋은 소리, 뻔한 말' 했을 수도 있겠지만 나보다 먼저 나와 같은 일을 겪은 사람의 말은 한마디 한마디가 안심이고 위로였다. 그리곤 그리 길지 않은 시간 동안 밥만 먹고 나왔지만, 그 시간들이 참으로 고마웠다.

어려운 처지에 있는 사람끼리 서로 가엽게 여긴다는 '동병상련'이라는 사자성어가 있다. 드라마에서 아픈 아이를 둔 두 엄마가 서로 위로를 받고, 내가 먼저 이혼한 동료에게 큰 위로를 받을 수 있었던 것은 아마도 동병상련 때문이었을 것이다.

굳이 구구절절 말하지 않아도 마음이 통하고, 서로가 존재하는 것만으로도 힘이 되는 위로. 그런 큰 위로를 줄 수 있는 사람이 한 명이라도 있다면 설령 삶이 나를 속일지라도 지치지 않고 살아갈 수 있지 않을까?

스피치 코칭 18

곁에 있어주는 것도 훌륭한 위로다

　같은 경험을 한 사람들끼리만 알 수 있는 상황과 감정, 행동들이 있다. 나 혼자만 경험한 것과 다르게 상대방도 그런 경험을 했다는 것을 알게 되면 정서적인 유대감을 가지게 된다. 특별한 말을 한 것도 아니었는데 위로를 받을 수 있는 건 바로 동병상련의 유대감 때문일 것이다. 말의 내용 때문이 아니라 자신과 비슷한 처지의 사람이 존재하고 있다는 것만으로도 우리는 안도감을 느낀다.

　특정한 트라우마나 아픈 경험이 있던 사람들이 커뮤니티를 만들고 그 안에서 서로의 이야기를 공유하면서 위안을 받는 것도 비슷한 경우다. 자신과 동등한 위치에 있는 사람과 정서적으로 깊은 유대감을 가지면 그 관계가 더 오래 지속된다. 심리학자 데니스 리건Dennis Regan은 이를 상호성의 법칙Low of reciprocality이라고 했다.

　정서적인 유대감이 관계의 지속성에 영향을 끼치는 것은 누구나 연결의 욕구를 가지고 있어서이다. 이때 가장 중요한 것은 공감을 통해 정서적인 연결을 느끼는 것이다. 이런 상호성의 법칙은 특히 한국처럼 집단주의 문화가 강한 곳에서 더 많이 작용한다. 극기 훈련을 함께하며 고생한 같은 반 친구들끼리 더 단합이 잘 된다거나 군대에서 훈련을 함께 받은 동기들이 서로를 유독 챙기는 것도 상호성의 법칙 때문이다.

같은 경험을 한 사람들이 공감대 형성이 훨씬 수월한 것은 어쩌면 당연하다. 서로의 상황을 잘 알고 있기 때문이다. 다른 사람의 위로가 마음에 와닿지 않고 '잘 알지도 못하면서 말만 쉽게 하네'라는 생각이 들었다면 입장이 너무 달라서 오해했거나 상대를 배려하는 방식이 맞지 않아서일 것이다.

꼭 같은 경험을 해봐야 위로를 전할 수 있는 것이 아니다. 그저 상대방의 상황과 입장을 이해하려는 마음만으로도 충분하다. 그 마음을 전하기 위해서는 그 사람의 감정을 짐작하기보다는 있는 그대로 받아주는 것이 필요하다.

속상한 일이 생겼을 때 아무것도 모르는 사람이나 오히려 거리가 있는 제삼자에게 하소연을 하면서 마음이 더 편해질 때가 있듯이 자신의 이야기를 하는 것만으로도 더 위로되는 경우도 종종 있다. 아무것도 모르니 조언을 더하거나 판단하지 않고 그저 들어주면서 그 사람의 감정에 충실히 반응하기 때문이다.

소중한 사람이 힘든 일을 겪어서 어떻게 해야 할지 모르겠다면 상대방이 실컷 말할 수 있도록 들어주기부터 시작해 보자. 꼭 말을 하지 않아도 된다. 그대로 곁에 있어주는 것으로도 위로를 전하기에 충분하다.

소중한 사람을 잃은 사람에게 해서는 안 될 말

대학 시절 친한 친구의 아버지가 뺑소니 사고로 갑작스럽게 돌아가셨다. 속상하고 안 좋은 마음으로 한걸음에 장례식장으로 달려갔다. 아버지의 마지막을 지키고 있던 친구는 나를 보자마자 분통을 터뜨렸다.

"조문을 오는 손님들마다 하는 말이 다 똑같아. 다들 '괜찮아?' 아니면 '괜찮아. 다 지나갈 거야'라고 말하는데, 너무 화가 나."

"........."

속상해서 눈물을 쏟는 친구에게 무슨 말을 해줘야 할지 몰라 침묵할 수밖에 없었다.

"어떻게 괜찮을 수가 있어. 나는 정말 하나도 안 괜찮은데, 괜찮냐고 물어보는 게 말이 돼? 또 몇 시간 전에 부모를 잃은 사람에게 다 지나갈 것이라고 말하는 것도 이해가 안 가."

친구는 힘들어 죽겠는데 남의 일이라고 저렇게 쉽게 말하는 거냐며 차라리 아무도 안 왔으면 좋겠다고 엉엉 울었다. 그렇게 울다가 기절하는 친구 옆에서 나는 아무 말도 할 수가 없었다.

그날 나는 친구 옆에서 아무 말 없이 계속 손을 잡아주고, 이야기를 들어주며 그렇게 장지까지 친구와 함께 있었다. 시간이 많이 지난 어느 날 친구가 말했다.

"그때 네가 내내 손잡아 준 게 제일 큰 위로가 됐어."

사실 그때는 어떻게 해야 할지 몰라서 아무 말도 하지 못했을 뿐이다. 당연히 괜찮지 않은 사람에게 어떻게 괜찮냐고 물을 수 있냐며 힘들어하는 친구를 보면서 갑작스럽게 소중한 가족을 잃은 사람에게 괜찮냐고 물어보는 것은 절대 하지 말아야겠다는 생각을 했던 것 같다.

그때부터 나는 정말 큰일을 겪고 힘들어하는 사람에게 말보다는 손을 내민다. 아무 말 없이 손을 꼭 잡아주는 것이 더 큰 위로가 되기도 한다는 것을 경험했기 때문이다.

스피치 코칭 **19**

조문할 때 할 수 있는 말
vs 해서는 안 될 말

사랑하는 사람과의 이별은 언제나 아프다. 그래서 소중한 이를 잃은 사람에게 위로의 말을 건네는 일은 누구에게나 어렵다. 모범 정답도 없다. 상황에 따라 적절한 조문의 말로 달라지기도 한다. 또한 애써 건넨 말이 자칫 상처가 될 수 있다.

● **직접 조문할 수 없어 짧은 문자로 위로를 전해야 할 때**

직접 만나 조문할 경우에는 말보다 행동으로 마음을 전하면 되는데, 어쩔 수 없이 옆에서 함께해 주지 못할 상황에서는 문자나 전화로 마음을 전해야 할 때가 있다. 정말 가까운 사이지만 정작 문자로 마음을 전하기가 너무 어렵다면 예시와 같이 짧지만 담담하게 이야기하는 것도 괜찮다. 이 예시는 비즈니스에서 만난 사람이거나 어느 정도 거리가 있는 사람에게 문자를 할 때도 참고하면 좋다.

- 삼가 고인의 명복을 빕니다. 고인께서 평안히 가실 수 있게 저도 기도하겠습니다.
- 가족들의 슬픔을 함께하며 고인의 명복을 빕니다.
- 삼가 깊이 애도를 표하며 고인과 가족을 위해 기도드리겠습니다.
- 직접 찾아뵙지 못해 죄송합니다. 멀리서나마 삼가 고인의 명복을 빕니다.
- 뜻밖의 비보에 제 마음도 무척 슬픕니다. 삼가 조의를 표합니다.

● 가까운 지인에게 좀 더 길게 문자로 마음을 표현하고 싶을 때

만약 고인과도 친분이 있거나 친한 동료, 가까운 직장 상사처럼 가까운 지인이 상을 당했다면 짧은 위로의 말보다는 좀 더 길게 마음을 전하고 싶을 수 있다. 비즈니스로 만났지만 마음이 통해 가깝게 지내는 경우도 마찬가지다. 이런 경우에는 고인의 이야기를 꺼내며 자신의 이야기를 함께 하는 것도 좋다. 일반적으로 다음과 같은 순서로 이야기하면 상대방의 아픈 마음을 위로하는 데 도움이 된다.

① 고인과 친분이 있을 경우 고인에 대한 이야기
② 함께하지 못하는 이유와 그에 대한 미안한 마음 혹은 자신의 생각
③ 고인과 상주와의 관계, 고인을 대했던 상주의 마음 등
④ 고인과 상대를 위해 할 수 있는 행동

이 순서에 따라 다음과 같이 이야기할 수 있다. 어디까지나 예시일 뿐, 똑같이 이야기하면 상대방의 상황과 맞지 않아 길게 문자를 보내도 형식적으로 느낄 수 있으니 진심으로 마음을 전하기 위해 노력하는 것이 중요하다.

예시1
① 생전에 참 따뜻한 분이셨는데 갑작스러운 소식 듣고 너무 놀라고 슬픈 마음입니다.
② 부득이한 사정으로(친분이 있다면 가지 못하는 이유를 좀 더 구체적으로) 함께 하지 못해 마음이 많이 안 좋네요.
③ (고인)을 얼마나 소중히 생각했는지 or 정말 많이 사랑하는 것을 곁에서 지켜봤기에 더욱 마음이 아픕니다.
④ 멀리서나마 고인의 명복을 진심으로 빌겠습니다.

예시2
① (어떤) 분이라고 들어서 마음속으로 많이 존경했는데 갑자기 돌아가셨다는 이야기를 듣고 너무 놀라고 슬프네요.
② 지금이라도 달려가고 싶은데 (이러이러한 이유로) 갈 수 없는 점 많이 죄송합니다.
③ 평소에도 서로 많이 아끼고 사랑하는 관계(ex. 모자지간, 부자지간, 형제, 자매 부부 등)라는 걸 봐왔기 때문에 더 마음이 무겁습니다.
④ 멀리 있지만 진심으로 삼가 고인의 명복을 빕니다.

● **정말 친한 친구, 아끼는 선후배, 개인적으로 친분이 깊은 지인**

정말 가족같이 가까운 지인의 경우라면 나의 생각과 마음을 전하는 것에 포인트를 맞춰야 한다는 것이다. ① 나의 마음과 생각을 먼저 이야기하고, ② 못 가는 이유와 함께해 주지 못한 것에 대한 미안함을 전달하고, ③ 고인과 상대를 위해 내가 할 수 있는 것 순서로 이야기하는 것이 좋다.

① 소식 전해 듣고 많이 놀랐어. 나는 무엇보다 네가 제일 걱정이 된다. 너의 슬픔을 조금이나마 위로하고 싶은데 무슨 말로도 위로가 되지 않을 것 같아서 더 마음이 아파.
② 지금이라도 당장 가고 싶은데 일 때문에(어떤 이유로) 못 가는 게 너무 속상하다. (고인)께서 마지막 가시는 길에 함께해 주지 못해서 정말 미안하다.
③ 멀리서나마 (고인)께서 평안히 가실 수 있도록 기도할게.

● **상처가 될 수도 있는 말**

진심이 아닌데도 상대방에게 본의 아니게 상처를 주는 말들도 있다. 우선 상대방이 얼마나 힘든지 다 알고 있다거나 상대의 슬픈 감정의 정도를 단정 짓는 말을 하지 않도록 조심해야 한다. 정말 힘들어하는 사람에게 '나도 다 겪어 본 일이니 얼마나 힘든지 안다'고 하거나 힘내야 한다고 말하면 자기 일이 아니라서 쉽게 말한다는 생각이 들 수 있다. 머리로는 나를 위로하는 말이라는 것을 알아도 마음에서는 받아들이기 어려운 것이다.

이를 정서심리학에서는 사건의 의미를 의식적으로 포착하기에 앞서 자동적으로 발생하는 '정서적 반응 automatic emotion responses'이라고 한다. 이러한 자동적인 정서적 반응은 논리적으로 이해하고 생각한 의식적인 반응을 결정할 수 있다. 그래서 말의 내용과 뉘앙스에 따라 반발 심리가 생기면 말한 사람의 원래 의도와는 다르게 받아들이게 된다.

'괜찮다'거나 '지나가면 다 괜찮아진다'와 같이 지금의 슬픔과 상황을 축소하는 말, 자신의 경험을 꺼내며 상대의 아픔을 다 안다는 듯이 위로하려는 것도 신중해야 한다. 시간이 많이 지난 후라면 '많이 속상했겠다'라거나 '힘들었지?'처럼 상대의 감정을 묻는 얘기도 괜찮을 수 있다. 하지만 힘든 일을 겪고 있는 중이거나 겪은 지 얼마 안 된 상황에서는 상대의 아픔을 짐작하는 이야기가 상처가 될 수 있기 때문이다.

조문을 할 때 가능한 한 피해야 하는 말은 다음과 같다.

- ■ 무슨 말을 해도 위로가 안 되겠지만 삼가 고인의 명복을 빕니다.
  ⇒ 무슨 말로도 위로가 안 되겠다며 상대방의 마음을 단정 짓는 말이다.

- 많이 힘들겠지만 그래도 힘내세요.
    ⇒ 이 또한 많이 힘들겠다며 상대방의 마음을 단정 짓는 말이다. 또 힘내라는 말은 조문 시 피하는 것이 좋다.
- 저도 작년에 같은 아픔을 겪어서 더욱 마음이 아프네요.
    ⇒ 상대방이 힘들 때 자신의 아픔을 꺼내는 것은 좋지 않은 위로이다.
- 시간이 지나면 괜찮아질 거예요.
    ⇒ 상대방의 감정과 상황을 가볍게 지나가는 일처럼 축소시키는 것이 될 수 있다.
- 그래도 편안히 가셨다니 다행이네요.
    ⇒ 조문에서 다행인 일은 있을 수 없기 때문에 하지 않기를 권한다.

적절한 위로의 말과 상처를 줄 수 있는 말을 예시와 함께 소개했지만 위로가 되는 적절한 말 같은 건 없을지도 모른다. 상황에 따라서 받아들이는 사람의 성향에 따라서 위로가 되는 말이 달라질 수 있기 때문이다.

하지만 상대에게 힘이 되어주고 싶고 위로해 주고 싶은 나의 마음을 전달하는 것이 가장 중요한 것이라는 사실만 기억하면 된다. 자신의 마음을 표현하는 방법만 다르게 해도 힘들어하는 사람에게 상처 주지 않고 위로를 전할 수 있다.

격려는 잘해도 위로는 서툰 대표님

잘나가는 기업의 여성 대표님이 있다. 정말 멋진 분이다. 추진력도 좋고, 말도 조리 있게 잘해 함께 이야기를 나누다 보면 저절로 신뢰가 간다. 그런 대표님이 어느 날 고민을 털어놓았다.

"직원이나 거래처와 업무 이야기를 할 때는 말이 술술 나오는데, 일상적인 대화를 못하겠어요. 특히 위로를 해야 하는 상황은 더 난감해요."

"정말요?"

워낙 달변가라 대표님이 그런 고민을 한다는 게 믿기지 않았다.

"네, 예전부터 그랬어요. 직원들에게 업무 지시를 하거나 잘할 수 있다고 격려하는 것은 잘하는데, 일상적인 이야기를 하는 건 잘 안 돼요. 똑같은 이야기를 해도 어떤 사람은 좋아하고, 어떤 사람은 불편해하니 어떻게 맞춰 이야기해야 하는지 늘 고민스러워요."

고민이 더 깊어진 것은 최근 다른 기업 대표들과의 친목 모임이 많아지면서부터이다. 쟁쟁한 기업을 이끌고 있는 대표들의 모임인데, 평소 자신을 좋게 본 다른 대표님의 소개로 합류하게 되었다. 모임 구성원들과 친해지면 좋은 비즈니스 기회도 생길 수 있어 정말 열심히 모임에 참석했다.

그런데 도통 입이 잘 안 떨어진다. 어려운 자리라서 그런지 모임에 참석하면 긴장부터 되고, 다른 사람이 어떤 말을 할 때 어떻게 반응해야 할지, 어떻게 말하는 것이 기분을 상하게 하거나 오해하지 않게 하는지 어렵기만 해서 어색하게 웃다 돌아오는 일이 잦다.

그러던 어느 날 자신보다 나이가 많은 한 대표님이 모임에 참석하지 못해 미안하다며 가족이 아파서 간호하느라 그랬다는 문자를 보냈다. 일상적인 대화도 어려운데, 힘든 일을 겪은 사람에게 위로를 전하는 일은 더 어렵다. 특히 아주 친하거나 먼 관계라면 덜 고민했을지도 모른다. 아주 가까우면 편하게 진심을 전하면 되고, 아예 멀면 통상적인 위로만으로도 큰 결례는 아닐 텐데, 문자를 보낸 대표님처럼 아주 가깝지도 너무 멀지도 않은 관계일 경우에는 어떻게 수위를 조절해야 할지 난감하기만 하다.

수십 가지의 말이 머릿속에 떠올랐지만 그중 어떤 말로 위로를 해야 할지 확신이 서지 않았다. 나이가 더 많은 분께 '힘내시라'고 말하는 것도 왠지 건방진 것 같고, '다 잘 될 거예요'라고 말하는 것도 무책임한 느낌이 들었다. 결국 주변 사람들에게 물어보기도 하고, 한참을 고민한 끝에 답장을 했다.

'가정을 돌보시면서 일도 멋지게 해내시고 정말 대단하세요. 대표님'

답장을 보내고도 영 마음이 편치 않았다. 위로를 전하고 싶었는데, 정작 보낸 문자는 위로보다는 감탄이나 칭찬 같은 느낌이었기 때문이다. 대표님은 문자는 그나마 생각하고 답장할 시간이라도 있지, 얼굴 보고 대화하다 이런 상황이 오면 어떻게 해야 할지 생각만 해도 아찔하다며 조언을 구했다. 그런 대표님께 말했다.

"대표님. 서툴러도 괜찮아요. 진심만 담으면 돼요"

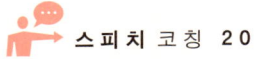 스피치 코칭 20

솔직한 마음을 더하면
위로에 힘이 붙는다

간혹 위로의 말이라고 하면 예쁜 어휘를 사용하거나 멋지게 꾸며내야 한다고 생각하는 사람들이 있다. 위로는 테크닉이 아니다. 물론 상대방에게 더 힘이 될 수 있는 말을 신중하게 골라 전달하는 것은 의미가 있지만 어떻게 이야기해야 할지 모르겠다면 자기 마음을 있는 그대로 전하는 것만으로도 충분한 위로가 된다.

간혹 솔직하게 얘기하는 게 좋다는 말을 오해해 상대방에 대한 배려 없이 자신의 생각이나 마음을 직설적으로 이야기하는 분들이 있다. 이건 솔직한 게 아니다. 자신의 마음을 거짓 없이 표현하되 상대에게 상처가 되는 말을 하면 안 된다.

'가정을 돌보시면서 일도 멋지게 해내시고 정말 대단하세요. 대표님'이란 문구는 사실 상대방의 기분을 상하게 하지는 않을 문구지만 진심을 담은 위로와는 결이 좀 다른 느낌이다. 좀더 위로의 마음을 전하려면 솔직한 마음을 그대로 표현해도 괜찮다.

'대표님, 가족이 아픈데 저까지 챙겨주셔서 너무 감사해요. 저도 뭘가 힘이 되어 드리고 싶은데 힘내라고 하는 것도 실례인 것 같고 다 잘될 거라고 하는 것도 경우랑 안 맞는 것 같아서 뭐라고 말씀을 드려야 할지 조심스럽네요. 가정을 돌보시면서 일도 멋지게 해내시고 정말 대단하세요.'

이렇게 상대방의 행동에 대한 자신의 솔직한 마음을 이야기하고 여기에 자신이 할 수 있는 행동이나 현재의 상황, 자신의 생각을 더하면 진심어린 마음을 훨씬 더 잘 전할 수 있다.

- ■ 상대방의 행동에 대한 자신의 마음
  ⇒ 가족이 아픈데 저까지 챙겨주셔서 너무 감사해요.
- ■ 자신이 할 수 있는 행동이나 상황
  ⇒ 뭔가 힘이 되어 드리고 싶은데 힘내라고 하는 것도 실례인 것 같고 다 잘될 거라고 하는 것도 경우랑 안맞는 것 같아서 뭐라고 말씀을 드려야 할지 조심스럽네요.
- ■ 자신의 생각
  ⇒ 가정을 돌보시면서 일도 멋지게 해내시고 정말 대단하세요.

5장

보기 좋은 말이 공감을 부른다

웃으면 말이 예뻐진다

말은 잘하는데 표정관리가 잘 안 되는 경우 간혹 오해나 반감을 사기도 한다. 그리고 때로는 말과 표정이 달라 속을 모르겠는 사람이 되기도 한다. 반면 말은 좀 못해도 표정이 좋은 사람은 상대로 하여금 호감을 갖게 한다. 예를 들어 어린 아기들은 말을 하지는 못하지만 그 사랑스러운 표정만으로도 호감을 넘어 사랑을 받는다.

표정은 말만큼이나 힘이 세다. 똑같이 "안녕하세요."와 같은 간단한 인사말을 할 때 어떤 사람은 무덤덤한 표정으로 말하고, 또 다른 사람은 환하게 웃으며 눈을 반짝이며 인사한다면 당신은 어떤 사람에게 호감을 느끼겠는가?

사람의 생각이나 느낌을 표현하고 전달하는 것은 말로만 하는 것은 아니다. 비록 세부적인 내용까지는 전달하지는 못해도 표정만으로도 얼마든지 생각이나 느낌을 전달할 수 있다. 그래서 크게 보면 목구멍을 통해 나오는 말뿐만 아니라 표정, 눈빛, 몸짓도 말이라고 보는 사람들이 많다.

개인적으로 좋아하는 남자 MC가 있다. 진행 솜씨만 두고 본다면 그 정도 하는 MC는 많을 것이다. 그런데 그 남자 MC는 보고 있으면 기분이 좋아진다. 시종일관 쌩글 쌩글 개구진 표정으로 방송을 진행한다. 그런 표정 때문인지 남자들에겐 보기 드문 애교까지 있어 보인다. 나이 상관없이 귀엽다. 보고 또 봐도 질리거나 물리지 않는다. 여기저기 수많은 프로그램을 진행하고 있지만 밉상 맞게 보인 적이 없다. 길가다 마주치면 또 그렇게 환하게 웃으며 나의 인사를 받아 줄 것만 같다.

국민 MC로 불리는 개그맨 출신의 방송인도 표정이 열 일 한다. 그분 역시 표정이 해맑다. 전혀 거짓말을 하지 못할 것 같은 해맑고 환한 표정이 그를 왠지 좋은 사람처럼 보이게 한다. 절대 유식한 소리를 늘어놓거나 논리정연 매끄럽게 말을 하진 않지만 그 방송인이 나오는 예능 프로그램은 대부분 시청률이 잘 나오는 편이다. 물론 진행 솜씨도 뛰어나지만 개인적으로는 표정이 진행 솜씨 못지않게 시청률을 높이는 데 한몫 했다고 생각한다.

이 두 사람의 공통점은 잘 웃는다는 것이다. 웃으니 보기도 좋다. 그리고 그 웃음이 가식 없고, 과함이 없다. 억지로가 아닌 자연스러운 웃음이라 보는 이도 편안하고 유쾌해진다. 편안하니 오래 보게 되고, 즐겁고 밝으니 자주 찾아보게 된다.

쇼호스트 후배 중에도 그런 후배가 있다. 해맑은 미소 덕분에 잘생긴 얼굴이 더 잘 생겨 보이고 밝아 보인다. 동기나 선배보다 말솜씨가 아주 뛰어난 것도 아닌데, 그들보다 점점 더 인정받고 있다. 한번은 그의 선배이자 나의 후배인 남자 쇼호스트가 고민을 얘기한다. 후배들에게 방송을 뺏겨 자기 방송수가 줄고 있다며 걱정했다. 이런 저런 얘기를 들어주고, 들려주며 정말 하고 싶었던 한마디를 했다.

"○○야, 방송할 때 좀 웃으면서 얘기해봐. 평소처럼…… 훨씬 보기 좋고, 듣기 좋을 거 같은데"

뜬금없는 말이라 그냥 흘려들은 것 같다. 여전히 표정이 좀 어둡다. 가끔 웃는 모습을 보일 땐 이상하게도 한쪽 입술만 살짝 올라가는 듯 보인다. 긴장을 한 탓인지, 억지로 웃으려 해서 그런지 상대를 기분 좋게 하는 미소는 아니다. 비웃거나 비아냥거리는 듯 보일 수도 있다. 좀 환하게 웃지. 보기 좋은 떡이 먹기 좋다고 같은 말이라도 예쁜 표정으로 말하면 좋으련만…… 그 후배의 방송을 보고 있으면 늘 안타깝다.

지금은 잘 웃는다는 소리를 듣지만 나도 한때는 차가워 보인다는 소리를 많이 들었다. 중학교에 막 입학했을 때의 일이다. 학기 초에 어머니가 학부모 면담을 하고 와서 들은 얘기를 전했다.

"친구들이 네가 너무 차가워 보인다고 했대. 친구하고 싶은데 너무

쌀쌀 맞아 보인다고…… 계집애가 얼마나 차갑게 굴었으면 그런 소리가 나와"

억울했다. 집에서 좀 거리가 있는 새로 생긴 중학교에 배정을 받은지라 아는 친구가 별로 없었다. 가뜩이나 모든 것이 낯설고 친구도 없는데, 먼저 다가가 헤벌쭉 웃을 수도 없는 일 아닌가. "엄마, 아빠가 이렇게 낳아놓았잖아. 원래 생긴 게 그런 걸 나보고 어쩌란 말이야."라고 말하면서 살짝 대들었던 것 같다.

다행히 선생님들이 나를 예뻐했다. 특히 지리 선생님이 예뻐했는데, 지리 시간에 필요한 지도 심부름을 자주 시켰다. 어느 날인가 지도를 칠판에 걸고 내려오면서 왜 그랬는지 환하게 웃었던 모양이다. 그 모습을 보시고는 선생님이 칭찬을 하셨다.

"연희는 웃는 것도 예쁘네. 웃을 때 앞니가 8개 정도가 보여야 미인이라는데, 8개가 다 보이는구나."

선생님의 인상적인 칭찬을 들은 후 나는 자주 활짝 웃었던 것 같다. 예뻐 보인다는 말에 활짝 웃고 다녔는데, 사람 좋아 보였는지 서서히 친구가 늘었다.

표정은 말과 마음을 담는 그릇이다. 표정이 좋으면 말도 부드러워진다. 8개의 앞니를 보이면서 표정만 예뻐진 게 아니라 말도 예뻐졌을 것이다. 덕분에 쌀쌀 맞고 깍쟁이 같아 보여 거리를 두었던 친구들이 조금씩 조금씩 다가왔을 것이다.

'웃는 여잔 다 예뻐~'라는 노래가 있다. 정말 그렇다. 웃으면 표정도 예뻐지고, 말도 예뻐진다.

난 웃음이 많은 사람이 좋다. 자연스럽고 환한 웃음이 좋다. 커피 광고를 오래 한 중년의 남자 배우의 환한 미소가 너무나 좋다. 때론 백 마디의 말을 나누지 않고, 표정과 웃음만 봐도 그 사람이 어떤 사람인지 어떻게 살아왔는지를 알 것만 같다. 그 배우의 미소가 그렇다. 그 환한 미소만으로 그 배우가 어떤 사람인지 알 것만 같다. 말을 잘하기에 앞서 그렇게 표정 좋은 사람이 되고 싶다.

눈으로 말해요

눈으로 말해요. 살짝이 말해요.
남들이 알지 못하도록 눈으로 말해요.
사랑은 눈으로, 눈으로 한대요. 남들이 알까 부끄러워 눈으로 한대요.
진실한 사랑은 눈을 보면 안대요.
그 검은 두 눈은 거짓말을 못해요~

이런 가사의 옛날 노래가 있다. 아닌 게 아니라 사랑을 하는 사람은 눈빛이 다르다. 말 그대로 하트가 뿅뿅 나올 것만 같은 눈빛이다. 주위에 갑자기 예뻐지거나 멋있어진 사람을 보면 흔히들 "너 연애하지?"라고 말한다. 누가 봐도 알 수 있을 정도로 설레는 연애를 하는 사람들은 눈빛도, 표정도 달라지나 보다.

눈빛도 말이다. 말을 하지 않아도 눈빛만으로도 얼마든지 감정을 표현할 수 있기 때문이다. 사랑하는 애인을 바라보는 눈빛, 아가를 바라보는 엄마의 눈빛, 좋아하는 연예인을 바라보는 눈빛에는 사랑이 넘친다. 꼭 말을 하지 않아도 그 눈빛만으로도 상대가 나를 얼마나 사랑하는지를 알 수가 있다.

마찬가지로 미움, 증오, 분노도 눈빛으로 나타난다. 원수를 바라보는 눈빛, 증오하는 사람을 바라보는 눈빛, 무시하는 눈빛, 멸시하는 눈빛은 왠지 서늘하고 기분을 나쁘게 만든다.

드라마나 영화를 보다 보면 '아, 저 배우가 그 배우였어?'라며 깜짝 놀랄 때가 있다. 악역을 주로 맡던 배우였는데 너무 천진난만 순진한 모습으로 변신했거나 청순가련형인줄 알았는데 도발적이고 섹시한 이미지로 바뀌었을 때 동일인물로 생각하지 못하는 경우가 많다.

그들을 전혀 다른 인물로 바꾸는 데는 눈빛이 큰 역할을 한다. 소위 말하는 '눈빛 연기'가 배우의 연기력을 좌우한다고 해도 과언이 아니다.

눈빛만큼 솔직한 말도 없다. 말은 감출 수 있지만 눈빛을 감추기란 결코 쉬운 일이 아니다.

눈빛 하나로 온 국민의 공분을 산 사람도 있다. 기자의 질문에 강력한 레이저 눈빛을 발사한 우병우 전 민정수석이 주인공이다. 2016년의 일이었으니 벌써 시간이 꽤 흘렀는데도 아직도 그 눈빛을 기억하는 사람들이 많다.

레이저보다 더 강렬했던 그의 눈빛은 짧은 시간에 백 마디 말보다 더 많은 말을 하고 있었다. 그 어떤 말보다 거만했고 불손했다. 눈빛이 도마 위에 올라오자 왜 그때 기자를 쳐다봤는지 구구절절 설명했지만 사람들은 그 오만했던 눈빛만을 기억했다.

그러고 보면 눈은 마음의 창이라는 옛 분들의 말이 또 맞다. 입으로 하는 말은 쉽게 거짓말을 해도 눈은 거짓말을 못한다고 하지 않던가? 때론 말보다 눈빛이 더욱 신뢰가 간다.

꽤 오랫동안 홈쇼핑에서 매주 같은 시간 큰 기획 프로그램을 진행해온 셀럽이 있다. 그녀는 털털하고 호탕한 웃음에 꽤 많은 팬이 있었고, 나 또한 그녀의 팬이었다.

그런데 무엇이 우리 그녀를 그렇게 만들었을까? 어느 때부터인지 정확히는 모르겠지만 그녀의 눈빛이 변해 있었다. 소탈하고 겸손해 보였던 그녀의 눈빛은 거만하게 바뀌었다. 턱을 살짝 들고, 눈을 내리 깔고 사람을 위에서 아래로 훑는 그런 눈빛이었다.

그래도 워낙 언변이 좋아 가끔씩 모니터를 하려고 그녀가 하는 프로그램을 일부러 찾아보고 있었는데, 어느 날인가는 도저히 더 이상 볼 수가 없었다. 그 눈빛을 계속 보고 있자니 기분이 나빠졌다. 급기야 속으로 '니가 뭔데? 나를 깔봐. 웃겨. 그래 잘났네. 아 보기 싫어'라고 말하며 화를 내고 있었다.

그날 이후로 난 더 이상 그녀가 하는 그 프로그램을 보지 않는다. 눈코입도 달라진 게 없고, 구수한 입담도 달라지지 않았다. 눈빛만 기분 나쁘게 달라져 있었을 뿐인데, 이전과는 전혀 다른 느낌이었다. 그녀를 보며 눈빛이 사소해 보이지만 얼마나 강력한 언어인지 새삼 확인했다.

오랜 친구 중에 눈빛이 불안한 친구가 있다. 말은 얼마나 예쁜지 모른다. 그 친구는 나 말고도 다른 친구들에게도 예쁜 말을 참 많이 한다.

"난 네가 자랑스러워"

"난 네가 참 좋아"

"아유 예뻐~ 넌 늘 예뻐"

어찌 보면 나이 탓, 성격 탓을 하면서 쉽게 못할 표현들을 훌륭하게도 자주 하는 친구다. 그런데 안타깝게도 그 말을 할 때 눈빛이 늘 요동을 친다. "내가 너 얼마나 좋아하는지 알지?"라고 말하는데 나를 바라보는 시선은 내 눈을 응시하지 못한다. 잠깐 머물렀다 바로 시선을 돌린다. 대화 내내 상대의 눈을 3초 이상 바라보지 못하는 것 같다. 눈을 통해 진심을 알 수 있다는데, 그 친구의 눈을 제대로 볼 수가 없으니 진심도 알 수가 없다. 눈빛이 말과 맞아 떨어지지 않으면 이렇게 오해를 사기도 한다.

고등학교 때인지, 대학교 때인지 아버지께 대들다가 크게 혼이 난 적이 있다. 화가 난 아버지가 한 말이 아직도 잊히지 않는다.

"어딜 눈을 똑바로 뜨고 쳐다봐."

말은 안 했지만 나의 억울함과 분노가 눈으로 보였나 보다.

이처럼 눈빛은 가장 정직한 언어이기도 하다. 당신은 어떤 눈빛을 가졌는가? 말만 잘하는 사람은 칭찬도 듣지만 욕도 먹는다. '말만 잘해' '사기꾼 같아' '말이나 못하면' 등등. 하지만 눈빛이 좋은 사람을 욕하는 경우는 본 적이 없다. 말을 잘하고 싶다면 백 마디 말보다 더 파워 있는 눈빛 관리부터 해보자.

상황에 따라 강력한 눈빛을 해야 할 때도 있을 것이다. 하지만 나는 언제나 온화하고 빛나는 눈빛을 갖고 싶다. 꼭 레이저를 쏘듯 강력한 눈빛이 아니어도 내 진심을 효과적으로 전달할 수 있다고 믿기 때문이다.

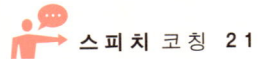 스피치 코칭 21

눈동자가 보내는 신호

눈동자는 우리가 생각하는 것보다 훨씬 많은 말을 한다. 말이나 행동을 할 때 눈동자에는 나도 모르는 사이에 속마음이 드러난다. 그래서 눈동자의 움직임은 상대의 내면에 접근할 수 있는 단서가 되는데 범죄자의 심리 및 행동 등을 분석하는 프로파일링에서도 이런 신호를 의미 있게 해석한다.

눈동자가 보내는 대표적인 신호는 다음과 같다. 우선 일반적으로 거짓말을 하거나 마음이 불안하면 말을 할 때 눈을 자주 깜박인다. 그래서 습관적으로 눈을 자주 깜박이면 진실하지 않은 사람으로 여겨질 수도 있다. 하지만 거짓말이 능숙한 사람이나 사기꾼 중에는 오히려 상대방의 눈을 똑바로 잘 쳐다보는 사람이 많으니 조심해야 한다.

상대를 빈정거리거나 경멸할 때는 나도 모르게 눈을 크게 뜨고 눈동자를 굴리기도 한다. 흔한 말로 눈을 부라린다고도 하는데, 이는 상대방을 존중하지 않는 신호이다. 또 지루하거나 관심 없다는 의미를 내포하는 공격적인 몸짓을 함께 하며 상대방을 불편하게 만들고 자극한다. 눈을 가늘게 뜨고 보는 실눈 뜨기는 보는 눈을 차단하는 행동으로,

보고 싶지 않다는 것을 의미한다.

눈동자의 움직임을 통해서 그 사람의 생각도 알 수 있다. 눈동자의 움직임은 상중하(上中下)와 좌우(左右)로 나눈다. 보는 사람 입장에서 눈의 방향을 보면 부드러운 새끼 고양이를 쓰다듬으면서 보드라운 털의 촉감을 느낄 때는 눈동자가 왼쪽 아래로 움직인다. 그러다가 과거에 동물을 만졌던 기억을 떠올릴 때는 오른쪽 아래로 눈동자가 이동한다.

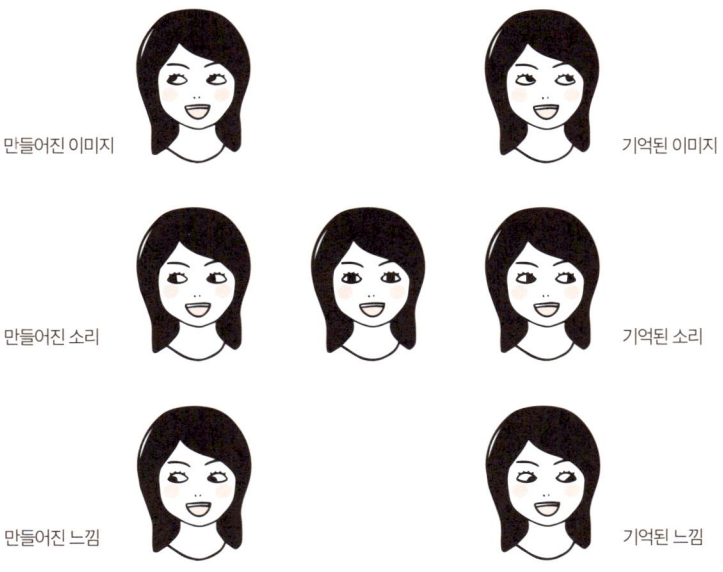

어떤 소리를 들었을 때는 왼쪽 옆으로 눈동자가 돌아가면서 이게 무슨 소리인지 생각하고, 노랫소리를 듣고 과거의 추억을 떠올리면 자연스럽게 오른쪽으로 눈동자가 움직이게 된다. "그때 본 게 뭐였지?"하고 생각할 때 그 사람의 눈동자는 오른쪽 위쪽으로 올라간다. 기억이 나지 않는데 대답해야 하는 상황에서 어떻게 말할 지를 고민하고 있다면 왼쪽 상단으로 눈동자가 돌아갈 것이다.

이처럼 눈동자의 움직임에는 많은 정보가 있다. 그러니 눈동자 역시 말 못지않게 강력한 힘을 가진 언어인 셈이다.

가슴을 거쳐 나오는 말은 예쁘다

살면서 감정의 기복이 가장 클 때는 아마도 사춘기와 갱년기가 아닐까 싶다. 마음에서 넘치는 것을 입으로 말하는 법이라는데, 내 마음이 가시밭이니 가시 돋친 말을 가장 많이 쏟아내는 시기이기도 하다. 머리로는 그러면 안 되는 줄 알면서도 가슴에 품은 화와 짜증을 머리로 걸러내지 않고 바로 입 밖으로 쏟아낸다.

성경 말씀에 '좋은 나무는 나쁜 열매를 맺지 않고 나쁜 나무는 좋은 열매를 맺지 않는다. 가시나무에서 무화과를 따지 못하고 가시덤불에서 포도를 거두어들이지 못한다. 나무의 열매가 재배 과정을 드러내듯이 사람의 말은 마음속 생각을 드러낸다. 말을 듣기 전에는 사람을 칭찬하지 마라. 사람은 말로 평가되기 때문이다.'는 말이 있다.

도를 닦고 수련을 하는 종교인이나 몇몇 특수한 사람을 빼고, 그저 그냥 평범하고 부족한 우리들은 나도 모르게 자기감정을 입으로 내뱉는 말 속에 녹이게 된다. 그래서 그 흔한 부부 싸움과 자식과의 갈등 속에서 말이 화근이 된다.

"그렇게 밖에 말 못해?"

"내가 뭘"

"미안하다고 했잖아"

"말이면 다야?"

"말이면 다지! 뭘? 왜? 어쩌라고……"

엄밀히 말하면 말이 화근이 아니라 그 말 속에 녹아든 감정이 문제다. 앞의 대화를 국어책 읽듯이 읽으면 감정 상할 말은 하나도 없다. 그러나 감정을 이입해서 읽으면 정말 감정 상할 말들이다. 그러니 말을 할 때 내 마음속에 있는 감정을 어떻게 실어서 말로 꺼내 놓을 것인지를 염두에 두어야 한다.

그렇다고 가슴을 통한 감정을 제거한, 그저 머리와 입으로만 내뱉는 말은 로봇과 같아서 상대의 가슴에 전해지지 않고, 허공으로 흩어져 버리는 말들이 된다. 예를 들면 안내원들의 단골 멘트인 "네네 고객님" "사랑합니다. 고객님"은 아무런 감흥을 불러일으키지 않는다. 말과 단어에 감정이 실리지 않아 말만 사랑하지, 하나도 사랑하지 않는 걸 잘 알기 때문이다.

만약 "미안해"하고 사과했는데 상대방이 "미안하면 다야?"하고 받아쳤다면 어떨까? 기껏 사과했는데 받아주지 않는다며 화가 날 수도 있다. 하지만 진짜 문제는 당신의 "미안해"에 미안한 감정이 부족하다는 데 있다. 상대는 말속에 전해 오는 감정을 말과 함께 듣기 때문이다.

말은 감정의 표현이고 마음속 생각을 드러내는 것이다. 그래서 청산유수 화려한 언변보다 서툴고 어눌해도 그 감정을 오롯이 전달하는 사람이 더 말을 잘하는 것일 수 있다.

홈쇼핑을 통틀어 말을 참 잘하는 쇼호스트가 있다. 그녀가 방송하는 것을 보고 혹자는 작두를 탄다고도 한다. 마치 신 내림을 받은 사람처럼 상대의 혼을 빼고 홀려 듣고 있는 사람들이 사지 않고는 못 배기게 한다는 것이다. 부럽기도 하고 개인적으로도 좋아하는 쇼호스트라 그녀의 방송을 우연히 보면 끝까지 보는 편이다. 분명 모니터하는 것이 더 큰 목적이었는데, 어느새 수화기를 들고 버튼을 누른다. 하루나 이틀 후면 그녀가 방송한 상품이 꼭 배달되어 온다. 귀신이 곡할 노릇이다.

물론 그녀의 방송을 싫어하는 사람들도 있다. '방송 준비를 안 하는 것 같다. 상품에 대한 설명이 부족하다. 모든 방송이 똑 같다. 다 좋다고 한다.' 등 이유도 가지각색이다. 무슨 말인지 충분히 알 것 같다. 하지만 그럼에도 불구하고 그녀의 방송은 최고의 매출을 기록하곤 한다.

도대체 그녀의 무엇이 소비자의 마음을 움직이는 걸까? 오랫동안 모니터한 후 내가 내린 결론은 '감정'이다. 그녀는 감정, 느낌 전달 능력이 매우 뛰어나다. 말 속에 감정이 전해지지 않으면 모든 방송의 말이 다 똑같이 들릴 것이다. 화장품이든 가방이든 신발이든 옷이든, 방송에서 그녀가 사용하는 단어는 별로 많지 않다.

"이건요 고객님(고개를 살짝 돌리거나 눈을 동그랗게 뜨고). 아!!! 정말 너무 좋아요. 이건요 제가 써보고 와~~ 진짜 이건…… 제 얼굴이 어제도 아프고 그제도 아팠는데…… 제 얼굴 완전 좋죠? 이건 이건 정말~"

대부분 화장품을 방송할 때면 여기서 크게 달라지지 않는다. 언젠가 가방을 방송할 때였다.

"이건…… 정말 예쁘죠? 설명이 필요 없죠? 아 진짜 이건…… 이렇게 들어도 이쁘고, 이렇게 무심히 턱 던져 놔도 예쁘고, 이렇게 이렇게 들어도……아우 이뻐……"

이러니 모든 방송이 똑같다, 설명이 부족하다고 하는 사람들도 있겠지만 그 화장품과 가방이 얼마나 좋은지는 고스란히 전해진다. 모든 방송이 다 같은 듯하지만 그날그날의 감정이 다르듯 그녀의 감정표현은 늘 다르다.

그녀가 그렇게 가슴을 거쳐 감정을 드러내는 느낌 있는 방송을 하는 반면 자신의 느낌은 배제하고 머리로 암기한 내용만을 거침없이 쏟아내는 쇼호스트들은 더 많다. 그들의 방송을 보고 있다 보면 "그래서 뭐? 좋다는 거야 나쁘다는 거야?" 되묻고 싶어질 때가 한두 번이 아니다. 말로는 좋다고 하는데 그 좋은 느낌이 도통 전해지지 않는다.

말이란 생각이나 느낌을 표현하고 전달하는 데 필요한 수단이다. 그렇다면 누가 말을 잘하는 걸까? 누가 본질에 충실한 걸까? 물론 머리를 통한 이성적인 말이 필요할 때도 있다. 현실을 모르고 노력도 하지 않으면서 헛된 꿈만 꾸는 사람에게는 매정하더라도 감정을 빼고 이성적이고 현실적인 조언이 더 힘이 되기도 한다. 홈쇼핑 방송 상품에서도 이성적으로 가격이나 스펙을 비교해줘야 하는 경우도 있다.

하지만 말하는 이가 이성적이고 논리적으로 설명한다 해도 듣고 결정하는 사람은 결국 감정에 의해 움직인다. 아무리 그 사람을 위해 이성적인 조언을 했어도 듣는 사람이 기분 나쁘게 받아들이면 애써 말한 의미가 없다.

엄밀하게 이야기하면 말은 이성적이라도 그 바탕은 좋은 감정이 깔려 있어야 말에 힘이 실린다. 상대방을 위하는 마음, 잘 되기를 바라는 마음을 담은 말이면 설령 이성적인 말일지라도 진심이 전달될 수 있다.

말을 위한 말은 가볍다. 아무 힘이 없다. 가슴을 통해 나오는 절절한 감정을 그대로 정성스럽게 표현해 내는 말. 그런 말이 더욱 매력적이고 사람의 마음을 움직인다.

때론 말보다 몸짓이 더 강하다

　요즘 사람들은 카톡이나 문자를 주고받을 때 이모티콘을 많이 사용한다. 나도 그렇다. 긴 내용은 문자로 해야겠지만 감정을 전달하는 데는 오히려 이모티콘이 더 효과적인 것 같기도 하다. '사랑해'라는 문자보다는 익살맞은 강아지가 팔을 올려 하트를 표현하는 이모티콘이나 무표정한 곰이 하트를 쏟아내는 이모티콘이 더 직관적이고 유쾌하다. 화가 났을 때 '화 났거든'이란 문자 대신 오리가 깡통을 걷어찬다든가 강아지가 불을 뿜으며 '화이어'하는 이모티콘을 보내면 상대방은 나의 감정을 오롯이 읽어낸다.
　이모티콘이 문자를 시각적으로 보여주는 그림문자라면 우리가 사용하는 언어 중에도 시각적으로 보이는 언어가 있다. 대표적인 것이 바로 '몸짓'이다. 몸짓은 가장 보편적인 언어이기도 하다. 사용하는 언어가 달라도 손과 발 등 우리 몸을 움직여 기본적인 의사소통은 충분히 할 수 있다.

진심이나 감정을 전달하는 데도 몸짓이 효과적일 때가 많다. 누군가가 삶에 지쳐 있을 때 백 마디 말을 하는 것보다 조용히 다가가 따뜻하게 안아주는 것이 더 큰 위로가 되고 힘이 될 수 있다.

2014년 온 국민이 슬픔에 빠졌던 그 해 나 역시 몸도 마음도 많이 지쳤었다. 어린 아이들의 희생에 분노했고, 시간이 갈수록 더 우울해졌다. 나라 전체가 슬픔에 빠져 있는 상황에 그 즈음 친정엄마의 병세가 악화되어 나의 감정은 바닥을 헤매고 있었다.

엎친 데 덮친 격으로 집에서 급하게 문을 닫고 나오느라 발을 크게 다쳤다. 발뒤꿈치가 크게 찢어져 꿰매야 했고, 덧나지 않게 항생제를 처방받아 복용했다. 발을 다쳐 가뜩이나 불편한데 항생제 부작용으로 온몸에 발진이 돋아 불면증에 시달리고 있었다. 몸도 마음도 최악이었다.

누군가의 위로가 절실히 필요했다. 긴 말도 필요 없었다. 그저 누군가가 나를 꼭 안아주면서 등을 토닥토닥해주면 그것만으로도 큰 위로가 될 것 같았다. 당시 가장 가까웠던 사람에게 부탁했지만 고작 이틀 만에 끝났다. 서운해하던 나에게 그 사람은 대수롭지 않게 말했다.

"별 것도 아닌데, 뭘 애처럼 그래"

그냥 아무 말 않고 안아주면 되었을 것을. 안아주지 않았어도 그런 말을 하지 않았다면 그렇게까지 서운하지는 않았을 지도 모르겠다.

　사실 몸으로 하는 말은 입으로 하는 말보다 쉽다. 말을 하루아침에 잘할 수는 없지만 몸짓은 마음만 먹으면 바로 할 수 있다. 무뚝뚝한 사람이 '사랑한다'는 말을 하기는 왠지 쑥스러울 수 있지만 두 손을 머리에 대고 하트 모양을 그리거나 엄지손가락과 검지를 교차해 작은 하트를 내미는 정도의 몸짓은 가능하다. 서툴러도 괜찮다. 시도 자체로 마음이 전달되고, 서툴러서 더 진심이 느껴질 수도 있다.

　누군가에게 조금이라도 힘을 주고 싶은데, 말이 서툴러 할 수 없다는 것은 궁색한 변명에 불과하다. 지치고 힘들어하는 사람의 두 손을 꼭 잡아 주고, 슬픔에 찬 사람을 꽉 안아 주고, 실의에 빠진 사람의 어깨를 토닥여 주는 몸짓은 그 어떤 말보다 큰 위로가 될 것이다.

스피치 코칭 22

몸짓으로 알 수 있는 메시지

별 말을 하지 않는데도 상대방이 나에게 호감을 갖고 있는지, 불편해하는지, 적의를 갖고 있는지 느껴질 때가 있다. 기분 탓일까? 아니다. 몸짓 때문이다. 표정, 자세, 동작 등 신체의 움직임을 몸짓이라 하는데, 이 몸짓에는 감정이 반영된다.

예를 들어 사람을 위에서 아래로 내려다보듯 턱을 살짝 들고, 눈을 내리깔고 있으면 어떤 느낌이 드는가? 왠지 무시당하는 기분이 들 것이다.

실제로 이 자세는 특정한 상황에서 자신이 우세하다는 의미다. 턱을 들면 인간의 약한 부분 중 하나인 목이 드러나게 되는데, 이 행동은 약점을 드러내도 내가 이길 수 있다는 의미로 힘과 자부심을 상징한다. 싸움을 하는 상황이 아니라면 평소 이런 몸짓은 극도로 잘난 체하는 의미를 가진다. 그러니 보는 사람이 기분이 좋지 않을 수 있다.

이처럼 몸짓은 마음속 심리와 감정을 무의식적으로 담아낸다. 그래서 타임지가 선정한 세계에서 가장 영향력 있는 인물 100인 중 한 사람인 비언어 커뮤니케이션 분야의 전문가 폴 에크만Paul Ekman은 표정과 몸짓으로 상대방의 감정 상태와 거짓말을 알아내기도 했다.

몸짓을 잘 살펴보면 적어도 상대방이 나에게 긍정적인 감정을 갖고 있는지 부정적인 감정을 갖고 있는지를 알 수 있다. 또한 진실을 이야기하는 것인지, 거짓말을 하는 것인지도 몸짓에서 보인다.

얼굴에서 보이는 긍정적인 몸짓 신호

1. **눈을 자주 맞춘다.** 나의 이야기에 집중하고, 귀 기울여 듣고 있다는 신호이다.
2. **얼굴 전체로 웃는다.** 진심으로 웃을 때는 입꼬리만 웃지 않고 눈과 입이 함께 웃는다.
3. **눈을 크게 뜬다.** 이야기에 집중하고 있다는 의미로 동공이 확장되어 있다. 마음에 드는 이성을 봤을 때 눈이 살짝 커지면서 반짝거리는 현상도 비슷한 신호이다. 눈에서 꿀 떨어진다는 요즘 표현을 떠올리면 될 것이다.
4. **머리를 살짝 옆으로 기울인다.** 이 자세를 취하면 신체 중 약한 부분인 목이 살짝 드러난다. 약한 부분은 주로 호감을 갖고 있거나 안전하다고 느낄 때 드러낸다. 보호본능을 자극하려 할 때도 이런 몸짓을 한다.
5. **이야기의 흐름에 맞춰 고개를 천천히 끄덕인다.** 단, 너무 빠르게 자주 끄덕이는 것은 오히려 이야기에 집중하지 않고 있다는 신호일

수도 있다.

얼굴에서 보이는 부정적인 몸짓 신호

1. 곁눈질을 자주 하거나 지나치게 눈을 깜박인다. 불안하거나 상대방을 믿지 못할 때, 상대의 의견을 받아들일 수 없을 때 자주 나타난다.
2. 눈을 가리거나 비빈다. 눈을 가리는 행동은 보고 싶지 않다, 듣고 싶지 않다는 의미이다. 눈을 비비거나 오래 감고 있다면 불안하거나 부정적인 정서를 갖고 있다는 신호이다. 만약 상대가 눈을 질끈 감고 있다면 아예 그 상황을 차단하거나 벗어나고 싶다는 의미이다.
3. 코를 찡긋거린다. 불쾌하거나 싫은 감정을 느낄 때 아주 잠깐 나타난다.
4. 입술을 치아로 물어 보이지 않게 한다. 기분이 좋지 않거나 스트레스를 받고 있다는 신호로 볼 수 있다. 입술을 감추고 한 쪽 입꼬리에 유난히 힘을 주고 있다면 상대방을 존중하지 않는다는 의미이다.
5. 혀로 입술을 계속 핥거나 혀를 내민다. 입술을 핥는 몸짓은 본인을 위로하는 행위로 긴장을 아주 많이 했을 때 나타난다. 순간적으로 긴장에서 벗어났다고 느낄 때는 혀를 내밀기도 하는데 이러한 신호는 실수나 뭔가 잘못된 것을 들켰을 때도 나타난다.

동작에서 보이는 긍정적인 몸짓 신호

1. 손을 테이블 위에 올려놓고 손바닥을 보인다. 손바닥은 목처럼 자신의 약한 부분 중 하나이다. 그런 손바닥을 보인다는 것은 수용한다는 긍정적인 신호이다.
2. 의자 끝에 앉아 상체를 상대방에 가깝게 기울여 앉는다. 이는 상대방 혹은 상대의 이야기에 관심이 있다는 뜻이다.
3. 말을 할 때 다리를 X자로 교차하거나 발 끝이 위로 향하고 있다. 다리를 교차하고 있다는 것은 대화의 상대가 편하다는 의미이고 발끝이 위로 향하고 있다면 이야기가 즐겁다는 신호이다.
4. 다리를 좌우로 흔들며 양 발을 부딪친다. 이런 몸짓은 대화의 상대가 편하거나 대화가 즐겁고 신날 때 나타난다.
5. 손동작을 할 때 가슴 주변이나 가슴 위쪽에서 손을 사용한다. 긍정적인 제스처로 상대에게 호감을 주고 싶을 때, 대화에 적극적으로 참여할 때 이런 몸짓을 한다.

동작에서 보이는 부정적인 몸짓 신호

1. 얼굴 쪽으로 손이 자주 가 있다. 손톱을 깨물거나 귀를 자꾸 만진다거나 목 뒤를 쓸어내리는 몸짓은 대부분 부정적인 신호이다. 주로 스트레스를 받거나 불안할 때 이런 몸짓을 한다. 예외적인 신호도 있는데 손끝으로 입술을 살짝 훑는 행동은 이성을 유혹할 때 보이는 몸짓이다.

2. 손을 허리에 대고 있다. 이것은 자신의 영역을 강하게 표시하는 몸짓이다. 단, 엄지를 앞쪽으로 보이면서 허리를 잡으면 호기심을 표현하는 신호일 수 있다.
3. 손을 머리 뒤로 깍지를 끼고 몸을 뒤로 젖혀 앉는다. 이는 몸을 크게 보여 자신의 우월함을 내세우려는 몸짓이다. 만약 팔짱을 끼고 있다면 전형적인 방어의 표현으로 다가오지 말라는 표현이다.
4. 손가락으로 테이블을 두드리고 있거나 다리를 떨고 있다. 이는 불편하거나 참기 힘들다, 지루하다는 신호다. 다리를 떠는 행동은 불안하거나 거짓말을 할 때도 보일 수 있다.
5. 말을 할 때 손가락질을 자주 한다. 거짓말을 하거나 관심을 다른 곳으로 돌리고 싶을 때 이런 몸짓을 한다. 또 상대의 행동이나 말이 마음에 들지 않아 지적할 때도 이런 몸짓을 할 수 있다.

카톡과 함께 사라진 리액션은 어디에?

 가끔 방송을 보면 방청객이 나오는 경우가 있다. 방청객을 가만히 살펴보면 약속이라도 한 듯이 같은 포인트에서 '아~', '와~~'하고 리액션을 한다. 누가 봐도 짜고 치는 고스톱이다. 어디선가 동원된 방청객이 의무감으로 영혼 없는 리액션을 하고 있는 모양새다. 그래서 영혼 없는 리액션을 방청객 리액션이라도 한다.
 나도 종종 방청객과 함께 방송을 한다. 특집이거나 분위기를 띄우고자 할 때 방청객을 부르는데, 방청객이 있으면 확실히 방송 분위기는 한층 생생해진다. 쇼호스트 입장에서도 카메라만 보고 반응을 상상하면서 방송할 때보다 훨씬 더 흥이 난다.
 "나이 들면서 피부도 거칠어지지만 머리카락도 거칠어지죠?"

"네~"(방청객이 입을 모아)

"그렇다고 흰머리 염색을 안 할 수도 없고"

"맞아요~"(역시 방청객들이 약속이라도 한 듯이)

"염색약이 아닙니다. 그런데 염색이 되요."

"와~"(박수를 치며)

"신기하죠?"

"네~"

뻔한 리액션이다. 하지만 열심이다. 이 뻔한 리액션 덕분에 방송이 훨씬 수월해진다. 영혼 없는 리액션이라는 것을 알면서도 '잘하고 있어'하며 스스로를 칭찬하고 더욱 흥이 난다. 그래서 방청객과 함께 하는 방송에선 시작 전에 "어머니, 대답 좀 잘해주세요.~ 잘 부탁드려요."라며 꼭 인사한다.

이처럼 리액션은 대화에 있어 매우 중요하다. 그것이 설령 영혼 없는 의무적인 리액션이라 해도 말하는 사람을 신명 나게 한다.

가끔은 상대의 부정적인 리액션 때문에 하려던 말도 그만 두는 경우도 생긴다. 열심히 얘기하고 있는데, 시선은 TV 야구중계로 향해 있고 경기에 반응을 보인다.

"내말 듣고 있는 거야?"

"(여전히 TV에 시선을 고정한 채) 듣고 있어 계속해."

"아냐 됐다. 당신하고 무슨 말을 하겠어. 그만두자."

"왜 내가 뭘?"

"늘 그런 식이지"

"왜 시비야?"

TV를 보면서 듣고 있다는 게 사실일 수도 있다. 하지만 서로 대화를 할 때는 상대방을 보는 것이 예의다. 그쯤 되면 말 때문이 아니라 태도나 반응 때문에 마음이 상하는 것이 당연하다.

한 동료가 방송을 마치고 얼굴이 시뻘개져 쇼호스트 실에 왔다. 무슨 일이냐고 물었더니 게스트 후배 이야기를 꺼낸다.

"언니 ○○ 있잖아. 나 걔 때문에 미치겠어요."

얘기인즉슨 그 후배가 자기를 무시한다는 것이다. 처음에는 선배들 사이에서 그리 예의 있는 후배는 아니라서 그런가 보다 했다. 그런데 동료 이야기를 들어보니 내가 생각한 것 이상으로 예의가 없었다. 방송을 하는데 동료가 얘기를 하고 옆을 쳐다보면 후배가 눈을 마주치기는커녕 딴 짓을 한단다. 한두 번이 아니었는데 오늘은 세상에 말을 하면서 동의를 구하려고 옆을 쳐다보니 팩트를 꺼내 들고 거울을 보며 화장을 고치고 있더란다.

너무 어이없고 당황해서 하던 말을 잊고 더듬거렸고, 방송 내내 기분이 언짢아서 생각대로 방송이 잘 안되었던 모양이다. 사람이 눈을 마주치면 환하게 웃어주며 인사하는 것이 기본 예의이듯 말을 하다 쳐다보면 눈을 마주치고 고개를 끄덕이든, 웃어주든, 손뼉을 쳐주든 몸짓이

든 말이든 반응을 보이는 것이 예의다. 그런데 화장을 고치며 딴 짓을 했다니 동료가 화가 난 것이 당연하다.

    예의 없는 것이 그 후배뿐일까? 아니다. 요즘 우리들은 알게 모르게 대화할 때 지켜야 할 예의를 무시하고 있다. 예의가 실종한 데는 핸드폰의 역할이 크다. 확실히 핸드폰은 매력적인 도구다. 핸드폰만 있으면 못할 것이 없다. 대화도 하고, 뉴스도 보고, 업무도 처리하고, 쇼핑도 할 수 있다. 그러니 24시간 내내 핸드폰을 옆에 끼고 사는 사람들이 점점 많아지는 게 이상한 일도 아니다.

    하지만 너무 지나치다. 아무리 핸드폰 없이는 살 수 없다 해도 대화를 할 때는 잠시 핸드폰을 끄거나 무음으로 해 놓고 보지 않는 것이 예의다. 나 역시 핸드폰을 끼고 살지만 적어도 대화를 할 때만큼은 핸드폰을 멀리 하려고 노력한다.

    대화를 할 때 '카톡' 소리는 맥을 끊는 주범이다. 친구랑 신나게 얘기하고 있는데, '카톡' 소리가 나고 친구는 핸드폰을 본다. 그 순간 나는 계속 말을 해야 하는 건지 그만 둬야 하는 건지 잠깐 갈등한다. 맥이 뚝 끊겨 말 할 맛이 떨어진다. 대화의 질도 떨어진다. 내 얘기가 인정받지 못하고 무시당하는 것 같아 기분 나쁘다. 친해지고 싶지 않은 사람이다.

    즐겁게 대화를 나누고 관계가 좋아지려면 비록 그것이 방청객 리액션일지라도 상대의 이야기를 잘 듣고 있다는 반응을 보여야 한다. 두 눈을 마주보고 고개를 끄덕이면서 '그래 그래' '응 응' '네 네'하는 리액션은 당신의 이야기를 잘 듣고 있으니 계속하라는 반응이다. 가끔씩이라도 이런 반응을 보여야 상대는 안심하고 계속 말을 이어 갈 수 있다. 그리고 말하는 이에 대한 최소한의 예의이다.

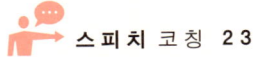스피치 코칭 **23**

질문과 리액션의 비율은
20대 80이 적당하다

    5년 동안 매주 KT에서 'Jazz and the City'라는 공연을 진행한 적이 있다. 호기심 많은 대학생들과 인터뷰를 한 적이 있는데 MC에게 가장 중요한 것이 뭐냐고 물었고 나는 주저 없이 '관찰, 질문, 리액션'이라고 답했다. 그때 사람들은 '너무 의외다'라는 반응을 보였는데, 나는 그게 더 놀라웠다.

    MC는 자신이 돋보이고 주목받는 직업이 아니다. 오히려 다른 사람을 주목받게 하고, 편안하게 만들면서 주체자(기업, 회사 등), 인터뷰 대상자(공연자), 청중을 이어주는 역할을 해야 하기 때문에 그들의 표정과 반응을 살피는 관찰력이 중요하다.

    먼저 대상자가 좋아할 질문은 꼭 넣는다. 그 후 청중이 원하고 대상자(interviewee)가 기분 나쁘지 않을 질문을 한다. 마지막으로 대상자가 좀 더 재미있게 말하게 하고 청중도 듣고 있다는 걸 느끼게 해주기 위해서 목소리와 눈빛, 몸짓으로 리액션을 한다. 이때 비율은 질문 20에 리액션 80 정도가 적당하다.

    방송을 준비하는 학생이나 행사를 진행해야 하는 MC 교육을 할

때, 인터뷰에서 이야기했던 내용을 많이 소개한다. 우리나라 씨름단이 뉴욕 타임스퀘어에서 공연할 때 진행을 맡은 선수를 교육한 적이 있는데 그 후로 계속 MC 요청을 받는다는 뿌듯한 소식을 전해왔다.

이처럼 질문과 리액션은 큰 힘을 가지고 있다. 질문으로 상대방을 대화에 적극적으로 참여시키고, 아낌없이 리액션을 하면 분위기도 살고, 호감도도 대폭 상승시킬 수 있다.

꼭 직업이 MC가 아니라도 여러 사람 앞에서 말을 해야 하는 경우 아래 내용들을 참고하면 호감을 얻는 데 도움이 된다.

첫 번째, 서 있는 자세는 굉장히 중요하다. 360도 모든 방향에서 사람들이 나를 보고 있다는 생각을 갖고 자세를 잡아야 한다. 한쪽 발에만 무게를 싣지 말고 양쪽 발에 골고루 무게를 두는 것이 좋다. 흔히 짝발을 짚는다고 표현하는데 이렇게 서 있으면 청중의 입장에서는 건방지거나 성의가 없다고 생각할 수 있다.

허리는 바르게 세우고 어깨를 당당하게 펴서 안정감을 주는 것이 좋다. 사람들 앞에 서면 어색한 나머지 몸을 앞뒤 혹은 좌우로 흔들거나 까치발을 들었다 놨다 하기도 한다. 이런 행동은 긴장으로 인해 무의식중에 나오기 때문에 평소 연습을 통해 자신에게 이런 습관이 있는지 체크해두면 좋다.

두 번째, 무대에 서 있는 발표자의 동선도 신경 써야 한다. 일반적으로는 무대를 가로지르거나 많이 움직이지 않고 한 곳에 서서 이야기하는 것이 좋다. 무대의 크기나 청중의 수에 따라 동선이 달라지기는 하지만 보통은 한 평(3.3m²) 정도 안에서 움직이는 것이 정돈되고 안정적으로 보인다. 자신이 서있는 위치에서 한쪽 발만 앞으로 나가 앞쪽으로 몸을 기울이면 훨씬 더 적극적으로 다가가는 느낌을 줄 수 있다.

세 번째, 손은 허리 위쪽에서 사용하되 가슴 근처에서 움직이는 것이 좋다. 일반적으로 가슴 쪽에서 손동작을 취하며 이야기하는 게 가장 진심으로 말하는 느낌을 준다.

또한 가슴을 기준으로 허리 쪽으로 내려가는 것보다는 명치 위쪽에서 제스처를 취하는 것이 더 긍정적으로 보인다. 이때 손가락을 많이 움직이지 않고 팔 동선을 크게 움직이는 것이 좋다. 겨드랑이는 붙이고 팔꿈치에서 손끝까지 한 번에 사용한다는 느낌으로 손동작을 취한다. 손목만 자주 꺾는 몸짓은 소심해 보이니 조심하자.

보기 싫은 말은 맛도 없다

25년 전쯤 일이다. 아주 오래된 일이지만 있을 수 없는 일이었기에 지금도 또렷이 기억난다. 예나 지금이나 먹는 걸 좋아하는 나는 그 당시 사귀었던 남자 친구와 북악스카이웨이에 위치한 꽤 유명한 손만두 집에 갔었다. 늦은 점심시간이었음에도 유명세답게 손님이 많았다. 가정집을 개조했는지 정원까지 있는 운치 있는 집이었다. 날씨가 좋아 우리는 정원 파라솔에 자리를 잡았다.

주문을 하고 한참을 기다려도 만두국은 나올 기미가 없었다. 재촉하고 싶었지만 음식을 나르는 점원들이 정신없이 바빠 보여 조금만 더 참자는 마음으로 기다렸다. 꼬르륵 소리에 더 이상 참을 수가 없을 무렵 김이 폴폴 나는 만두국과 만두가 우리 테이블 위에 올려졌다. 만두국은 시장함이 더해져서 너무 맛있었다. 만두만큼이나 김치도 예술이었다. 반찬이라곤 김치와 깍두기가 전부였는데, 깍두기보다는 김치가 더 맛있었던 것 같다. 김치가 모자라 더 갖다 달라고 지나가는 종업원에게 부탁했다.

"저기요~ 김치 좀 더 주세요."

들었는지 못 들었는지 기다려도 오질 않아 좀 더 큰 소리로 말했다.

"여기 김치 좀 더 주세요."

잠시 뒤 중년의 아주머니가 김치를 가져왔다.

"여기 김치요"

쟁반에는 김치와 깍두기도 있었다. 둘 다 내려놓으려 하기에 "깍두기는 됐어요. 김치만요"라고 말하며 내려놓으려 했던 깍두기를 다시 쟁반 위에 올려놨다. 내려놨다가 먹지도 않으면 버려질 깍두기가 아까워 다시 가져가라는 뜻이었다. 그랬더니 그 아주머니 "에이씨. 바빠 죽겠는데 이래라 저래라야" 하면서 휙 몸을 돌려 가버렸다.

순간 어안이 벙벙했다. 세상에 그게 어디 손님한테 할 소린가? 잘못 들었나 싶어 앞에 앉은 남자 친구에게 물으니 잘못 들은 게 아니었다. 나는 불쾌함에 입맛을 잃었고 숟가락을 내려놓은 채 계속 씩씩대며 투덜댔다.

"어떻게 손님한테 이럴 수가 있어? 깍두기 버려지는 게 아까워서 다시 가져가라 한 건데 고마워해야지 왜 신경질이야?"

내 얘기를 듣고 있던 남자 친구는 점점 안색이 어두워졌다. 한참을 듣더니 남자 친구가 물었다.

"다 먹었어?"

"응 그만 먹어"

그랬더니 남자 친구는 나보고 뒤로 물러앉으라고 하더니 곧바로 테이블을 엎었다. 아무리 화가 났어도 그렇게까지 할 일은 아니었는데, 남자 친구가 돌변해 과격한 행동을 하니 더럭 겁이 났다. 겁먹은 내 모습을 보더니 남자 친구가 나보고 먼저 나가 있으라고 했다.

그 아주머니가 소리소리 지르며 우리 쪽으로 왔다. 난 재빨리 밖으로 나왔고 두 사람은 언성을 높이며 싸우기 시작했다. 남자 친구가 나오니 그 아주머니 우리 쪽을 향해 큰 소리로 한마디 한다.

"다시는 우리 집에 오지 마!"

끝까지 기분 나쁘다. 내가 먼저 "다신 오나 봐라"해야 하는 건데, 뭔가 진 기분에 분했다. 집으로 가는 길 차 안에서 아주머니와 고성으로 오고 간 얘기를 들어보니 그 아주머니는 그 집 주인이었다. 홀에서 일하는 분이 연락도 없이 안 나와 이미 심기가 불편했었고, 당신은 이런 일을 할 사람이 아닌데 내가 고고하게 앉아서 공주처럼 이래라 저래라 부렸단다.

더 기가 막혔다. 서비스 업종에서는 보통 손님을 왕으로 생각하지 않나? 내가 손님이라고 위세를 떤 것도 아닌데 공주 행세하는 것처럼

보였다고 그렇게 불손한 태도로 막말을 할 수는 없었다. 식당을 책임지는 주인이면 더 솔선수범해 손님들에게 싹싹한 태도로 예쁘게 말해야 하는 것 아닌가? 아무리 생각해도 도저히 이해할 수 없어 집에 가는 길 내내 기분이 더 나빠졌다.

며칠 전, 오래 간만에 비슷한 일을 겪었다. 친정식구들과 점심을 먹으러 보리밥 집에 갔다. 어찌나 반찬이 많던지 6명이 앉은 테이블은 이런 저런 밑반찬들로 금세 비좁아졌다. 메인 음식인 나물과 보리밥이 나왔는데 놓을 자리가 마땅치 않았다. 서빙을 하는 아주머니가 음식 놓을 곳을 찾으면서 우리에게 말한다.

"이것 좀 저기에 놓으시고요. 빈 그릇 좀 모아서 저기에 올려놓으세요."

시키는 대로 했는데 기분이 묘하게 나빴다. 청국장이 가스 불 위에서 보글보글 끓고 있는데 그 아주머니 지나가면서 또 한마디 한다.

"거기 고추장 불 옆에 있으면 타니까 여기 가운데 놓고 같이 드세요."

또 기분이 유쾌하지 않았다. 내가 너무 민감한가? 알쏭달쏭 하던 차에 큰 올케언니가 한마디 한다

"저 아주머니 말투가 굉장히 명령조네"

"그렇죠? 기분 나쁘죠?"

나만 예민해서 기분 나쁘게 느껴진 게 아니었다. 그 기분 나쁜 말투는 귀가 잘 안 들리는 아버지를 빼곤 다 느끼고 있었다. 불현듯 25년

전 손만두 집 주인이 떠올랐다. 저렇게 손님에게 불손한 말투로 명령하듯 말하는 걸 보면 저 아주머니도 어쩐지 주인일 것 같았다. 아니나 다를까 계산하려고 하니 그 아주머니가 쏜살같이 온다. 다른 점원이 그 아주머니에게 말을 건넨다. "사장님 이거 몇 번이예요?" 역시 주인이었다.

말을 예쁘게 하지 않는 사람들은 많다. 하지만 서비스 업종에 있는 분들은 대부분 말을 곱게 하려 노력한다. 손님들의 마음을 얻기 위해서는 당연하다. 오히려 손님들의 막말과 갑질로 그들이 상처 받고 힘들어하는 경우가 많다.

그런데 반대로 주인이 손님들을 함부로 대하고 말하는 것을 어떻게 이해해야 할까? 주인들도 손님을 가릴 수 있다. 진상 고객, 갑질하는 손님들까지 왕으로 대접할 것인가는 주인들이 선택할 문제다.

하지만 나처럼, 우리 가족처럼 평범하고 상식적인 손님들의 기분을 상하게 하는 말투는 백 번 양보해도 이해할 수가 없다. 왜 정당한 대가를 지불하면서 세상에서 가장 맛없는 말을 듣고 입맛까지 잃어야 하는지 모르겠다. 두 집 모두 음식 맛은 훌륭했지만 주인의 그 말 때문에 두 번 다시 발걸음을 하지 않는다.

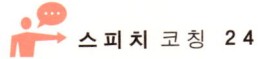 스피치 코칭 **24**

겸손의 말과 저평가의 말은 다르다

겸손한 사람들은 말부터 다르다. 성숙한 사람일수록 자기를 과시하려거나 무언가를 과장하려는 의도 없이 말한다. 그래서 대화를 나눌수록 기분이 좋아지고, 그 사람이 좋아진다.

거만함이 뚝뚝 묻어나는 말투와 언어로 이야기하는 사람들은 듣는 사람의 기분을 상하게 하기도 한다. 알고 보면 이런 사람들은 자존감이 낮은 사람일 가능성이 크다. 있는 그대로의 나의 모습에는 자신이 없어서 자기가 우위가 되어야 한다고 생각하는 것이다. 우위에 서면 다른 사람들의 인정을 받을 거라 여겨 더 고압적인 자세로 강하게 이야기한다.

하지만 위력은 겸손하게 말할 때 더 드러난다. 지위가 높은 자리에 있을수록, 영향력이 있는 사람일수록 겸손의 말은 그 사람을 더욱 빛나게 한다. 드물게 겸손하게 말했을 때 만만하게 보는 사람들이 있는데, 그런 사람들은 상대하지 않는 것이 좋다.

겸손이 자신을 저평가하는 것은 아니다. 무조건 자신을 낮추는 것이 겸손한 것이라고 생각해서 자신을 못난 사람으로 만드는 사람들이 있다.

예를 들면 "너 정말 예쁘다~"라고 했을 때 "아니에요~", "안 그래요.", "안 예뻐요."라는 답변은 겸손이 아니라 자신을 저평가하는 말이다. 이 말은 자신을 예쁘지 않다고 부정했을 뿐만 아니라 상대의 의견도 존중하지 않은 답변이다. "예쁘게 봐주셔서 감사합니다." 또는 "감사합니다. 예뻐 보이려고 신경 많이 썼어요." 정도로 말하면 상대의 의견도 존중하고 자신을 저평가하지 않는 말이 된다.

6장

기술을 더하면 말이 더 꽂힌다

또렷한 발음과 발성,
타고나는 것이 아니라 만드는 것이다

언젠가 TV를 보는데 뉴스 정보 프로그램의 앵커가 소리를 고래고래 지르며 방송을 진행하고 있었다. 화를 내는 것처럼 보이기도 해 기분이 언짢았다. "뭐 저런 사람이 다 있지? 어떻게 저런 사람이 방송을 진행하지?"라고 말하니 그 친구 대답이 뜻밖이었다. 그 앵커가 나이 든 분들에게 인기란다. 이유인즉 알아듣게 얘기하기 때문이라고.

이처럼 말의 내용이 잘 전달되기 위해서는 말의 발음과 크기 속도 등이 매우 중요하다. 특히 발음과 발성은 기본 중의 기본이다.

한때 잘 생긴 남자 배우의 극중 대사인 '옥땅으로 따다와'와 너무나 예쁜 여배우의 '실땅님'이 개그의 소재가 되곤 했었다. 이처럼 잘못된 발음은 이야기의 분위기를 의도치 않게 바꿔 놓을 수 있다. 태어날 때부터 혀가 짧거나 길어서 발음이 부정확하다면 어쩔 수 없다지만 그 또한 노력으로 조금은 더 나아질 수 있다. 혀가 길거나 짧다면 절대 말의 속도가 빨라선 안 된다. 한 음 한 음 또박또박 말하는 것이 좋다.

또렷한 목소리를 만들어주는 모음 발음법

'옥땅으로 따다와'와 '실땅님'은 혀에 힘이 들어가는 발음이다. 이 발음은 특히 혀끝에 힘이 많이 들어가는데 혀끝에 힘을 많이 주고 소리를 내면 아이가 말하는 것처럼 혀 짧은 소리가 난다. 발음이 부정확해 바보 같은 느낌을 주는 이런 발음 유형을 살펴보면 대부분 쌍자음이 섞여있다.

혀 짧은 소리를 교정하려면 혀끝에 힘을 빼거나 상대적으로 힘이 적은 혀의 뿌리(목젖과 가까운 혀의 안쪽) 쪽 근육의 힘을 키워주는 것이 좋다.

혀뿌리 근육에 힘이 들어가는지 아닌지는 어떻게 알 수 있을까? 갑자기 큰 소리를 내거나 음식물을 토할 때, 혀를 내려서 입안의 공간을 넓힐 때의 모습을 상상해보자. 이런 상황에서 목과 턱뼈 사이를 눌러보면 딱딱하게 힘이 들어간 것을 알 수 있다. 그때의 감각을 잘 기억하고 혀뿌리부터 혀끝까지 혀에 골고루 힘이 들어가는 연습을 꾸준히 해보자. 혀 짧은 발음을 교정할 수 있다.

혀 근육을 사용하는 방법은 천천히 하기로 하고 기본적으로 발음을 잘하는 방법에 대한 이야기부터 해보자. 발음에 가장 크게 영향을 주는 것은 바로 입과 혀다. 발음을 잘하고 싶다면 먼저 모음에 변화를 주는 입 모양을 연습하는 것이 좋다. 모음에 영향을 주는 입 모양은 네 가지가 있다.

첫째, 상하로 입을 벌리는 움직임
둘째, 좌우로 입을 벌리는 움직임
셋째, 사방으로 벌어지는 움직임
넷째, 사방에서 모아지는 움직임

조금 더 자세히 말하면 [아] [야]는 사방으로 벌어지는 확장 발음이다. [어] [여]는 위아래 상하로 움직이는 발음이고, [오] [요]와 [우] [유]는 모아지는 수축 발음에 속한다. [으] [이]는 옆으로 벌어지는 좌우발음이다. 명확한 발음을 내기 위해서는 음절 하나하나를 천천히, 입을 크게 벌리고 소리 내는 연습을 하는 것이 좋다.

하나 더 팁을 준다면 사방 확장 발음인 [아] [야], 상하 발음인 [어] [여], 사방 수축 발음인 [오] [요]와 [우] [유], 좌우 발음인 [으] [이]의 입 모양을 신경 쓰면서 거울을 보고 하면 더욱 좋다.

연필이나 볼펜, 젓가락을 물고 연습하는 것은 양쪽 입꼬리의 근육도 함께 발달시키기 때문에 입꼬리 밸런스를 잡는 것과 [아] [야] [으] [이] 발음을 연습하는 데 도움이 된다. 이 발음을 잘하면 상대방에게 말이 더 또렷하게 들린다.

아랫배에 힘을 주고 큰소리로 발성하는 것과 입으로 내뱉듯이 소리 내는 연습은 좋은 발성의 기본이 된다. 성대에서 가장 먼 발성 기관이자 호흡 기관인 배에 힘을 주고 소리를 내면 전달력을 높여 듣는 사람에게 훨씬 더 크게 들린다.

목소리가 작거나 아이처럼 혀 짧은 소리가 나서 고민하는 사람이라면 특히 발성에 신경 쓰면서 연습하면 한결 발음이 좋아지고, 목소리도 커질 것이다.

음절, 단어, 문장 순으로 연습한다

처음에는 음절 하나하나를 연습하고 그 다음에는 단어, 마지막에는 문장 순으로 연습하는 것이 좋다. 단계를 두고 연습하는 것은 반복하는 훈련에서 중요하다. 쉬운 단계부터 시작해야 훈련에 성과가 생기고 노력하면 금방 좋은 결과를 얻을 수 있다는 자기효능감이 생기기 때문이다. 또한 다음 훈련을 더 열심히 할 수 있는 동기 부여가 되기도 한다.

발음을 잘하기 위해서는 먼저 자신이 어떤 발음을 잘하고 어려워하는지 파악해야 한다. 그런 다음, 다음 단계에 따라 연습해 보자.

● **1단계: 1음절 트레이닝**

1단계는 한 음절씩 또박또박 말하는 연습이다. 처음에는 큰 소리로 '아(1초)' '야(1초)'를 5번 반복한다.

아랫배에 힘을 주고 내뱉듯이 한 박자로 짧게 소리 내는 것이 좋다. 그 다음 모음을 2초, 3초, 4초, 5초와 같이 1초씩 늘려가며 연습해 보자. 이렇게 훈련한 후 [아] [야]의 순서를 바꾸어 [야], [아]로 훈련하는 것도 좋다.

'아~(1초)'   '야~(1초)' = 5회 반복
'아~~(2초)'   '야~~(2초)' = 5회 반복
'아~~~(3초)'   '야~~~(3초)' = 5회 반복
'아~~~~(4초)'   '야~~~~(4초)' = 5회 반복
'아~~~~~(5초)'   '야~~~~~(5초)' = 5회 반복
'야~(1초)'   '아~(1초)' = 5회 반복
'야~~(2초)'   '아 ~~(2초)' = 5회 반복
'야~~~(3초)'   '아 ~~~(3초)' = 5회 반복
'야~~~~(4초)'   '아 ~~~~(4초)' = 5회 반복
'야~~~~~(5초)'   '아 ~~~~~(5초)' = 5회 반복

● **2단계**: 1음절 트레이닝 업그레이드 버전 1

    기본적인 방법은 1단계와 동일하다. 1단계처럼 아랫배에 힘을 주고 [아], [야]를 5번씩 반복하는데, 같은 모음을 발음할 때 처음에는 1초, 그 다음에는 2초로 1초 더 늘려 발음한다. 박자를 다르게 하는 것이 포인트인데, 이렇게 하면 처음에는 박자가 헷갈려도 보다 효과적으로 발음과 발성을 연습할 수 있다.

'아~(1초)'　　　'야~~(2초)' = 5회 반복
'아~~(2초)'　　　'야~~~(3초)' = 5회 반복
'아~~~(3초)'　　　'야~~~~(4초)' = 5회 반복
'아~~~~(4초)'　　　'야~~~~~(5초)' = 5회 반복
'아~~~~~(5초)'　　　'야~(1초)' = 5회 반복

● **3단계**: 1음절 트레이닝 업그레이드 버전2

    이번에는 음절 하나하나의 길이를 늘이는 것이 아니라 횟수를 더해서 훈련해 보자. 각 음절 당 1초씩 소리를 내되 단계별로 음절 횟수를 늘려가는 연습법이다. 횟수를 늘리면 입의 근육을 반복해서 사용하기 때문에 명확하게 발음하고 발성하는 데 좋은 훈련이 된다. 이렇게 기초를 다진 후 목소리 표현 스킬을 더하면 말하는 내용의 전달력을 높이는 데 효과적이다.

'야(1초)' '야(1초)' '야(1초)'

'야(1초)' '야(1초)' '야(1초)' '야(1초)' '야(1초)'

'야(1초)' '야(1초)' '야(1초)' '야(1초)' '야(1초)' '야(1초)' '야(1초)'

'야(1초)' '야(1초)' '야(1초)' '야(1초)' '야(1초)' '야(1초)' '야(1초)' '야(1초)' '야(1초)'

'야(1초)' '야(1초)' '야(1초)' '야(1초)' '야(1초)' '야(1초)' '야(1초)' '야(1초)' '야(1초)' '야(1초)' '야(1초)'

웅얼거리는 발음을 교정하는 연습법

발음이 좋지 않은 사람들 중 상당수가 말을 할 때 웅얼거리는 경향이 있다. 여러 원인이 있겠지만 가장 큰 원인은 입 모양과 혀의 위치가 정확하지 않기 때문이다. 그중에서도 입의 상하 벌림이 적고 혀의 위치가 아랫니보다 높이 올라와 있는 경우가 많다.

말할 때 나의 입 모양과 혀의 위치는 어떨까? 자가진단 할 수 있다. 우선 거울을 준비한다. 거울이 없다면 휴대전화의 셀카 모드를 이용해 찍어도 된다. [아 에 이 오 위를 한 음 한 음 천천히 소리 내 읽으면서 거울로 입 안을 살펴보자. 크게 다음 세 가지 경우가 있다.

1. 혀가 아래로 내려가 있고 소리를 낼 때 목구멍이 많이 보인다. 혀가 살짝 보였다가 내려가더라도 목구멍이 많이 보이면 1번에 속한다.
2. 혀끝이 보인다. 앞니 사이로 혀끝이 살짝 나오거나 보이는 경우다.

가나다라마바사

3. 발음할 때마다 혀 몸통이 보인다. 우리가 혓바닥이라고 통칭하는 부분이 많이 보이는 경우다.

1번의 경우 좋은 발성으로 연결되는 기본을 갖춘 것으로 본다. 선천적으로 목소리가 좋거나 훈련한 사람일 가능성이 높다. 웅얼거리는 소리와는 거리가 먼 사람일 것이다.

2번에 해당하는 사람들은 아이 같다거나 발음이 안 좋다는 말을 종종 듣는다. 외국어를 많이 사용하거나 한국말을 배우는 외국인들에게 많이 볼 수 있는 유형이다. 물론 정확한 입 모양과 혀의 위치 교정 훈련을 통해서 얼마든지 바꿀 수 있다.

3번은 전반적으로 입과 혀 자체를 많이 안 움직이는 유형이다. 본인의 의도와는 다르게 소리가 작고 발음이 뭉개져서 잘 안 들린다거나 답답하다는 말을 들을 수 있다. 특히 자기 자신에게는 소리가 잘 들리기 때문에 스스로 녹음해서 들어보거나 다른 사람이 말을 해주기 전까지는 자신의 발음에 문제가 있다는 것을 인지하지 못할 수도 있다.

1번 유형처럼 소리가 나갈 때 목구멍이 보인다는 것은 성대에서 만들어진 소리가 입 밖으로 나가는데 전혀 방해물이 없다는 의미이다. 소리가 시원하고 힘 있게 전달될 수밖에 없다.

그런데 2나 3번과 같이 혀가 소리가 나가는 길을 방해하면 소리가 답답하게 들리고 웅얼거리는 느낌이 든다. 소리는 장애물을 만나면 통

과하지 않고 다시 되돌아가는 특성을 가지고 있기 때문이다.

여기에 입을 상하로 벌리지 못하는 문제까지 더해지면 비강음이 두드러져서 코맹맹이 소리가 함께 난다. 또 좌우 움직임이 적거나 입을 거의 움직이지 않으면 모호한 발음이 되기 때문에 무슨 말을 하는지 알아듣기 힘들어진다.

입 모양만으로 다양한 정보를 얻을 수도 있다

입 모양은 일상의 습관을 반영한 것이어서 입모양을 보면 말하는 사람에 대한 다양한 정보를 알 수도 있다. 예를 들면 '안녕하세요'라고 인사할 때 대부분의 사람들은 마지막 음절을 '여'에 가깝게 발음한다. 그런데 유난히 입을 동그랗게 모아 '요' 로 명확하게 발음하는 사람이 있다. 이런 사람은 신중하고 조심스러운 성향일 가능성이 크다.

이를 꽉 물고 말하는 사람도 있다. 실제로 화가 난 상태일 수도 있지만 평소 습관이라면 고집이 센 경우가 많다. 개그맨들이 섹시한 흉내를 낼 때는 주로 아랫입술을 강조하는 표정을 많이 만드는데, 이 때 '우~' 혹은 '유후~'라고 많이 하는 것도 [위]나 [유] 발음이 아랫입술에 힘이 들어가기 때문이다.

서비스 직군에 종사하는 사람들은 항상 웃으면서 말하는 것이 습관처럼 배어 있다. 웃으면서 말하려면 양쪽 입꼬리에 힘을 주고 말을 해야 하기 때문에 입꼬리에 과도하게 힘이 들어가 있는 경우가 많다.

스스로 입꼬리에 힘이 잘 들어가는지 궁금하다면 거울을 보고 스마일이라는 단어를 소리 내보자. 이때 마지막 음절인 "일~~"을 3초 이상 길게 소리 내면 입술의 양쪽 끝인 입꼬리에 힘이 들어가는 것을 볼 수 있다.

사진을 찍을 때 '치즈~' '스마일~' '개구리~'와 같은 [으]나 [이] 모음으로 끝나는 단어를 쓰는 것도 입꼬리에 힘을 주어 웃는 입 모양을 만들기 위한 것이다.

연희 테크닉 01

'가'부터 '히'까지 큰소리로 내뱉기

아무리 좋은 내용의 말이라 해도 소리가 명확하지 않으면 소통에 문제가 생기곤 한다. 90세를 넘긴 아버지는 직업군인 시절 대포 소리를 너무 많이 들어서 일찌감치 한 쪽 귀가 어두워졌다. 원래도 안 좋았던 귀에 세월이 더해지면서 지금은 보청기를 껴도 큰 소리로 말해야만 겨우 알아들으신다.

종종 가족 모임이 있어 15명이 넘는 수가 모이면 아버지는 나와 작은 오빠의 이야기만 쉽게 알아들으신다. 다른 가족이 얘기하면 "뭐라고? 뭐라 그랬어?" 큰 소리로 되물으신다.

작은 오빠의 직업은 선생님이고 나의 직업은 쇼호스트이다. 둘 다 말을 하는 업이다 보니 다른 가족들보다는 말을 잘 전달하는 방법을 조금은 더 잘 알 것이다. 작은 오빠와 나는 귀가 잘 안 들리는 아버지를 위해 목소리도 크게 키워 또박또박 발음도 정확하게 말한다. 그런 노력 덕분에 우리 둘의 말은 쉽게 알아들으시는 편이다.

말을 잘 전달하려면 발음을 잘해야 한다. 발음과 발성은 기본 중의 기본이라 후배들을 교육하는 기회가 올 때마다 강조하고 또 강조하는 부분이기도 하다. 고등학교 방송반 시절부터 익혀왔던 나의 발음 발성 연습법을 공개한다.

간단하다. '가'부터 '히'까지 한 자 한 자 입을 크게 벌리고, 아랫배에 힘을 주고, 큰소리로 내뱉듯이 말하는 것이다. 입을 크게 벌릴 자신이 없다면 연필이나 볼펜을 입에 물고 연습해도 좋다. 아랫배에 힘을 주고 내뱉듯이 크게 소리 내는 것이 중요하다. 이 연습을 꾸준히 한다면 발음뿐만 아니라 발성까지도 좋아질 것이다.

가	갸	거	겨	고	교	구	규	그	기
나	냐	너	녀	노	뇨	누	뉴	느	니
다	댜	더	뎌	도	됴	두	듀	드	디
라	랴	러	려	로	료	루	류	르	리
마	먀	머	며	모	묘	무	뮤	므	미
바	뱌	버	벼	보	뵤	부	뷰	브	비
사	샤	서	셔	소	쇼	수	슈	스	시
아	야	어	여	오	요	우	유	으	이
자	쟈	저	져	조	죠	주	쥬	즈	지
차	챠	처	쳐	초	쵸	추	츄	츠	치
카	캬	커	켜	코	쿄	쿠	큐	크	키
타	탸	터	텨	토	툐	투	튜	트	티
하	햐	허	혀	호	효	후	휴	흐	히

목소리 톤(tone)이
말의 이미지를 만든다

소리는 뇌를 자극해서 그 소리를 들었던 상황이나 그 소리와 연관된 상품을 오래 기억하게 하는 특징이 있다. 대기업에서 제품을 출시할 때 큰 금액을 들여 광고 방송용 노래인 CM송Commercial Song을 만드는 이유가 이 때문이다.

모기업의 새우 과자 CM송을 한 번이라도 들어본 적이 있다면 '손이 가요 손이 가~'만 들어도 다음 노랫말이 자연스럽게 생각날 것이다. 이렇게 소리는 그 자체로 오래 기억에 남는 이미지가 된다.

목소리 톤이 높은 사람은 낮은 톤을 가진 사람에 비해 경쾌하고 명확한 이미지지만 신뢰감과 안정감은 다소 떨어지는 느낌이 있다. 반대로 낮은 톤을 가진 사람은 신뢰감과 안정감을 주는 이미지인 반면 상대적으로 무겁고 어두운 느낌을 주기도 한다.

타고난 음성을 바꾸는 것은 무척 어렵지만 목소리의 표현 훈련을 통해 원하는 이미지를 만들어 낼 수 있다. 헤어나 메이크업, 의상을 바꾸어 나의 이미지를 바꾸는 것처럼 목소리 표현 훈련으로 목소리 컬러를 바꿔보자.

신뢰감 있는 이미지를 위한 톤 연습법

우리가 매일 하는 인사말로 예를 들어보자. "안녕하세요. 저는 ○○○입니다."를 말할 때 끝 음을 앞 음절보다 한 음 내려준다. 음의 높이를 모르겠다면 자신이 현재 내는 소리를 기준으로 한 음 내려준다. 현재의 소리가 '솔'이라면 '파'로, '파' 음이라면 '미'로 한 음 내려 말하는 것이다. 공식적인 자리에서 신뢰감을 높여주는 데 한층 도움이 될 것이다.

안녕하세요 ↘
저는 ○○○입니다. ↘

"안녕하세요. 반갑습니다."와 같이 문장이 길어지면 앞의 문장은 끝을 올리고, 뒤 문장만 한 음 내려 말하면 된다.

안녕하세요 ↗ 반갑습니다. ↘
저는 ○○○입니다. ↘

부드럽고 친근함을 위한 톤 연습법

말을 부드럽게 하고 싶다면 말 어미를 살짝 길게 늘이거나 여운을 남기듯이 힘을 빼서 말하는 연습을 해야 한다. 말끝에 힘을 주어 짧게 끝내면 단호하고 강한 느낌을 준다.

'반갑습니다'의 끝 음절 '다'를 한 번은 짧게 말해보고, 다시 길게 말해보자. 느낌이 사뭇 다를 것이다. 끝 음절을 길게 늘여주었을 때 말이 한결 부드럽게 느껴진다는 것을 확인할 수 있다.

이번에는 끝 음절 '다'를 강하고 세게 말해보고 반대로 여운을 남기듯이 힘을 빼면서 말해보자. 끝 음을 짧고 강하게 말하면 자기주장을 강하게 밀어붙이는 느낌이 든다. 자기주장을 강하게 밀고 나가야 하는 상황이거나 일부러 의도한 것이 아니라면 장음과 약을 이용해서 부드러운 느낌을 연습해 보자.

"반갑습니다~~~" (어미 장음 처리)
"반갑습니다아아" (어미 장음 처리+ 아아를 약하게)

안정적인 톤을 만들기 위한 기본 연습법

너무 높거나 낮은 톤이어서 고민하는 사람은 안정적인 톤을 만들기 위해 일정한 음으로 연습해보자. 예를 들면 '미' 톤으로 안정적인 소리를 내고 싶다면 문장을 '미'음으로 끝까지 한 호흡으로 읽는 것이다.

이때 감정을 이입하거나 어떤 기교도 없이 소리 내어 읽는 것이 좋다. 아랫배에 힘을 꽉 주고 중간에 들숨(외부의 공기를 몸 안으로 넣는 숨)을 쉬지 않아야 한다. 이런 연습을 반복하면 말의 톤을 안정적으로 만들 수 있다. 기교^{technic}는 안정적인 톤을 만든 다음에 구사하는 것이 더 좋다.

연희 테크닉 02

'솔' 톤보다는 '미'나 '파' 톤이 편안하다

말의 톤과 크기 또한 말의 맛을 만드는 데 중요한 양념과도 같다. 톤이 높고 소리가 크면 자칫 싸우는 소리로 들리기 쉽다. 경상도 사투리가 톤이 좀 높고 억양이 센 편이라 다른 지방 사람들이 들으면 꼭 싸우는 것처럼 들리기도 한다. 반대로 톤이 낮거나 소리가 작으면 비밀스런 얘기를 하는 것 같다. 귀가 안 좋으신 분들은 "뭐라고?" 되물으며 짜증을 낼 수도 있다.

말의 톤이란 높이를 말한다. 흔히 '솔' 톤 정도가 사람을 기분 좋게 하는 톤이라고 알고 있다. 도레미파솔 솔~~ "고객님 안녕하십니까?", "어서 오세요 고객님"의 톤이라고 생각하면 맞을 것이다.

처음 쇼호스트를 시작할 때는 쇼호스트들의 목소리 톤이 대부분 좀 높은 편이었다. 톤이 높으면 말이 빨라지기 때문에 다들 말도 무척 빨랐다. 톤이 높고 말이 빠르면 귀가 쉽게 피곤해진다.

'솔' 톤은 잠깐 듣기에는 경쾌하고 밝은 기분을 들게 하지만 오래 듣기에는 쉽지 않다. 거기에 소리까지 커지면 화를 내거나 호통치는 소리처럼 들릴 것이다.

웅변을 해야 하거나 많은 사람 앞에서 강연해야 하는 경우가 아니라면 '솔' 톤보다 한음 낮은 '파' 톤 정도가 좋게 들린다. 분위기 있고 따뜻하게 들리는 톤이 '미'나 '파' 정도인 것 같다.

커피 광고를 오래 했던 안성기나 한석규 이 두 배우는 외모로 풍기는 분위기도 커피와 어울리지만 목소리 톤이 예술이다. 그 두 사람의 목소리 톤은 '미'나 '파'에 가깝다. 내가 좋아하는 배우 이선균의 목소리도 낮은 톤의 목소리다. 그의 목소리는 '나의 아저씨'라는 드라마에서 빛을 발했다. 물론 연기력도 뛰어난 배우지만 그 배역에 너무도 잘 어울리는 목소리였다.

목소리 톤과 호흡을 연습했던 나만의 방법을 밝히자면 신문 사설을 일정한 톤으로 읽는 것이다. '파' 톤으로 문장 끝까지 한 호흡으로 읽는데 어떤 감정도 이입하지 말고, 중간에 숨도 쉬지 않고 한 호흡으로 아랫배에 힘을 주고 읽는다.

내가 신문 사설을 고집했던 이유는 시나 수필에 비해 건조하게 읽을 수 있기 때문이다. 시나 수필이라면 나도 모르게 감정이 섞여 읽을 수 있기에 사설로 연습을 했었는데, 요즘은 신문도 보기 힘들고 사설은 더더욱 보기 힘드니 보기에 드라이한 문장이라면 어떤 글도 좋다.

한 호흡으로 중간에 숨을 쉬지 않고, 길면 길수록 좋다. 끝까지 같은 톤, 즉 원하는 톤인 '미'나 '파' 톤으로 읽는다. 말의 톤을 안정적으로 만드는 데 꽤 도움이 되는 연습이다

말의 쉼표, 포즈(pause)로 속도를 조절한다

말 빠른 연예인 하면 광희와 노홍철이 생각난다. 말이 느린 연예인 하면 최불암이 떠오른다. 두 사람이 말을 할 때 어떤 느낌이 드는지. 똑같은 말을 해도 두 사람의 말은 사뭇 다른 느낌으로 다가올 것이다.

말의 속도가 빠르면 상대방을 긴장하게 만든다. 긴장은 사람을 피곤하게 만들어 오랜 시간 함께 하기 힘들다. 반대로 말의 속도가 너무 느리면 편안하나 잠이 온다. 지루할 수도 있다.

말의 포즈는 자동차의 브레이크와 같다. 너무 빠르면 밟고, 느리면 떼듯이 말이 너무 빠르다 싶으면 잠시 멈추고, 느리다 싶으면 멈추지 말고 쭉 말하면 된다.

최불암의 말이 느리게 느껴지는 것은 속도뿐 아니라 말에 포즈가 많기 때문이다. 말의 멈춤은 내 말의 속도도 느리게 하지만, 상대방도 같이 숨 쉬게 만들어주기 때문에 듣는 이도 숨차지 않고 편하다.

포즈^pause는 '잠시 멈춤'인데, 다른 말로 '사이, 휴지(休止), 멈춤, 중지'라고 한다. 말할 때 포즈를 적절히 사용하라고 하면 "나는 멈춘다고 하는데 왜 전달력이 떨어지지?" 혹은 "왜 내 말이 빠르다고 하지?"라고 반문하는 분들이 있다. 이런 분들은 대부분 포즈를 아주 번개처럼 빠르게 흘려버린다. 자신만 아는 것이 아니라 모두 알게 멈추고 쉬는 것이 바로 포즈다.

'쉼표가 없으면 음악이 아니다'라는 말처럼 말에서도 포즈는 아주 중요한 역할을 한다. 포즈(쉼)는 속도를 조절하기도 하고, 다음 말을 강조해주기도 하는 좋은 표현이다.

강조하고 싶은 말 앞에 포즈를 두면 집중시키는 효과가 있다. 오디션 프로그램 사회자가 "마지막 합격자는 바로……." 하며 말을 멈추고 사람들을 보거나 "광고 보고 오겠습니다." 라며 포즈를 둔다. 이렇게 중간에 포즈를 두면 분위기가 더 극적으로 고조된다. 홈쇼핑에서 맛있는 음식에 대한 설명을 하다가 모델들이 음식을 먹는 장면을 보여주는 것 역시 포즈를 통해 음식 맛을 강조하기 위한 것이다.

포즈를 잘 사용하려면 먼저 무음을 두려워하지 않아야 한다. 혹 '무음이 뭐가 두렵지?'라고 생각한다면 우리가 낯선 사람과 대화 중 말이 없어지는 순간을 떠올려 보자. 그 순간이 편안하다거나 아무렇지 않다면 무음에 대한 두려움이 적은 사람이다. 반대로 긴장되거나 '아휴 어색해. 빨리 뭐라도 말을 해야겠다.'는 생각이 든다면 정도의 차이는 있겠지만 내면에 포즈 혹은 침묵에 대한 두려움이 깔려있는 것이다.

소리를 크게 내기 어렵거나 목소리가 작은 분이라면 더더욱 '잠시 멈춤'인 포즈를 활용해 보자. 특히 프레젠테이션이나 발표를 할 때 포즈를 잘 사용하면 내용을 매우 효과적으로 전달하는 데 큰 도움이 될 것이다. 처음에는 익숙하지 않아도 의식적으로 포즈 사용을 연습하다 보면 자연스럽게 말의 전달력이 높아질 것이다.

포즈를 처음 사용하는 사람들을 위한 연습법

좋아하는 문장을 고른다. 예를 들어 '당신의 웃음이 나를 행복하게 한다.'는 문장을 선택했다면 첫 번째로 끊어주기를 먼저 한다. 끊어주기는 띄어쓰기를 기본으로 하되, 처음에는 한 곳, 그 다음은 두 곳, 다음은 세 곳 이런 식으로 늘려가며 끊었을 때 달라지는 느낌을 확인하며 연습한다.

1. 당신의 웃음이 나를 행복하게 한다. /
2. 당신의 웃음이 / 나를 행복하게 한다. /
3. 당신의 웃음이 / 나를 / 행복하게 한다. /
4. 당신의 / 웃음이 / 나를 / 행복하게 한다. /

강조를 위한 포즈 연습법

포즈는 기본적으로 말의 속도를 조절하는 것은 물론 잘 활용하면 강조하는 효과까지 얻을 수 있다. 간단하다. 내가 더 강조하고 싶은 부분에서 숨을 더 길게 쉬면 된다.

예를 들면 '당신의 웃음이 나를 행복하게 한다.'라는 문장에서 가장 강조하고 싶은 부분이 '나를'이라면 "당신의 웃음이/// 나를/ 행복하게 한다./"라고 말하는 것이다. '나를' 앞에서 숨을 길게 쉬는 것이 포인트다. 나라는 주체가 아니라 나의 감정을 강조하고 싶다면 "당신의 웃음이/ 나를///행복하게 한다./"와 같이 '행복하게 한다.' 앞에서 숨을 길게 쉬면 된다.

'나'를 강조하고 싶을 때 : 당신의 웃음이 /// 나를 / 행복하게 한다. /
'행복'을 강조하고 싶을 때 : 당신의 웃음이 / 나를 /// 행복하게 한다. /

속도 조절을 위한 포즈 연습법

좋아하는 문장 중 긴 문장을 하나 골라서 광희처럼 빠르게 읽어보자. 절대 중간에 쉬지 않고, 끊지 말고 속사포로 빨리 말하는 것이 포인트다.

옛날 옛적 안촉촉한 초코칩 나라에 살던 안촉촉한 초코칩이 촉촉한 초코칩이 되고 싶어서 촉촉한 초코칩 나라에 갔는데 촉촉한 초코칩 나라에 문지기가 아 글쎄 넌 촉촉한 초코칩이 아니라 안촉촉한 초코칩이니까 안촉촉한 초코칩 나라에서 살아라고 해서 안촉촉한 초코칩은 촉촉한 초코칩이 되는 것을 포기하고 안촉촉한 초코칩 나라로 돌아갔다.

안촉촉한 초코칩의 슬픈 이야기, 출처, 작자 미상

같은 문장을 최불암처럼 읽어보자. 중간 중간 멈춰가면서 읽는 것이 중요하다. 중간에 길게 멈추기도 해야 한다.

예엔~날 옛적/ 안~촉촉한 초코칩 나라에 살던~ 안~촉촉한 초코칩이~~ 촉촉한 초코칩이 되고 싶어서~~ 촉촉한 초코칩 나라에 갔는데에 촉촉한 초코칩 나라에 문지기가아/ 아 글쎄~ 넌~ 촉촉한 초코칩이 아니라/ 안~촉촉한 초코칩이니까/ 안~촉촉한 초코칩 나라에서 살아라~~~고해서어~ 안~촉촉한 초코칩은/ 촉촉한 초코칩이 되는 것을 포기하고~ 안~ 촉촉한 초코칩 나라로~ 돌아갔다.~~

안촉촉한 초코칩의 슬픈 이야기, 출처, 작자 미상

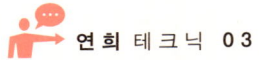 연희 테크닉 03

말의 속도를 조절하는
나만의 포즈

　말하는 것을 업으로 삼아서인지 나는 다른 사람이 말하는 것을 평가하는 버릇이 있다. 특히 몸담고 있는 홈쇼핑을 볼 땐 더더욱 그렇다. 말하는 모양새만 봐도 신참인지 고참인지 알 수 있다. 5년 이하 경력이 많지 않은 쇼호스트들의 공통점은 일단 말이 빠르다는 것이다. 말이 빠르니 자연히 톤도 높아진다. 아마도 열심히 공부한 것을 기회가 왔을 때 혹은 잊기 전에 다 쏟아내야 한다는 생각에 그럴 것이다. 같은 시간 안에 많은 내용을 얘기해야 하니 말이 빨라질 수밖에.

　그러나 안타깝게도 속사포로 쏟아낸 그 많고 많은 이야기들은 하나도 들리지 않는다. 말은 하는데 꽂히는 말은 없다. 뭐라고 하는데 들리지 않는 말은 소음과도 같다.

　말이 빠르면 사람이 가볍게 보여 신뢰감이 떨어지기도 한다. 난 성격이 급한 편이다. 어리고 젊었을 땐 더욱 그랬다. 급한 성격은 말도 빠르게 만들었다. 방송 들어가기 전에 천천히 말하리라 다짐하고 또 해도 상황이 급해지면 나도 모르게 말이 또 빨라졌다. 성격상 빠른 말을 고치고 싶었다. 그래서 사용했던 방법이 바로 '멈춤' 즉 포즈^{pause}였다.

오늘 아침 날씨가 너무 맑아서 우산이 필요 없겠더라고요. 그래도 혹시 몰라 챙겨 나오긴 했는데 가방이 어찌나 무겁던지 내내 들고 다니려니 아휴 귀찮아

이 문장을 쉬지 않고, 끊지 말고 읽어봐라. 그런 다음 마치 최불암이 된 것처럼 중간 중간 잠깐 멈춰가며 읽어봐라. 포즈만으로도 말의 속도가 많이 느려진다. 뿐만 아니라 말 속에 공기가 섞여 한결 부드럽게 만들어 준다. 말의 쉼을 잘 이용하면 당신의 대화가 한결 따뜻해질 것이다.

끝 음 처리가 말투를 결정한다

"왜 화를 내고 그래?", "말투가 왜 그래?" 이런 말을 들어본 적 있는가? 나는 그냥 열심히 말했을 뿐인데 말이다. '그냥 말한 건데 왜 오해하지?'라는 생각이 들었다면 당신의 말투를 체크해야 한다.

나는 부산에서 태어나고 자란 경상도 사람이지만 지금은 내가 경상도 사람이라는 것을 아무도 모른다. 경상도 특유의 사투리와 억양을 바꾸었기 때문이다. 신기한 것은 예나 지금이나 다 같은 나인데도 말투를 바꾼 후에는 나를 더 친절하고 상냥하게 본다는 것이다.

사투리는 그 자체로 특유의 이미지를 주는데 경상도 사람들의 억양이 다른 사람들에게 강하게 들리는 이유는 말끝이 세기 때문이다. 예를 들면 알겠다는 의미의 '그래'를 충청도 사람들은 끝 음을 길게~ 그래유

우우으~로 음을 늘린다. 끝 음을 늘리기 때문에 부드럽지만 늘어지는 음이 자칫 지루하게 들릴 수 있다.

경상도 사람들은 '그래↗'하고 끝 음을 세게 마무리하기 때문에 전체적으로 강하게 미는 느낌이 든다. 이렇게 끝 음을 처리하면 싸운다거나 세다거나 자기주장이 강하다는 이미지를 준다. 경상도 지역의 날씨와 주업의 특징 때문에 생긴 현상인데 이런 말의 표현을 모르는 사람들에게 오해를 받을 수 있다.

내 말투 자가진단법

자신의 말투를 아는 사람들은 드물다. 이미 너무 익숙해져 의식조차 하지 못하기 때문이다. 말투를 바꾸려면 우선 내 말투부터 확인해야 한다. 특히 말투를 좌우하는 끝 음 처리를 어떻게 하고 있는지 알아야 한다.

말투를 확인할 수 있는 좋은 방법은 녹음해보는 것이다. 요즘엔 웬만한 핸드폰에 녹음 기능이 다 있으니 다음과 같은 순서로 녹음해보자.

우선 당신은 친구와 이야기는 나누는 중이라고 가정하자. 친구가 약속장소를 정했고, 알겠다는 의미로 친구에게 말해보자. 잘 들리게 큰 소리로 말한다.

"그래", "알겠어.", "그렇게 하자"

이번에는 회사나 공적인 자리에서 처음 보는 사람에게 인사를 한다고 가정하자. 역시 앞에서 한 것처럼 소리 내어 말해보자.

"안녕하세요.", "반갑습니다."

마지막으로 친한 친구를 만났다고 가정하자. 친구에게 소리 내 인사한다.

"안녕", "왔어?", "잘 지냈어?"

다 녹음했으면 들어보자. 익숙하지 않은 나의 목소리에 '이게 진짜 내 목소리야?'라는 생각이 들 수 있다. 지극히 자연스러운 일이다. 내가 내 귀를 통해 듣는 소리와 녹음한 소리는 많이 다르다.

소리를 내면 그 소리가 공기를 타고 상대의 고막으로 전달된다. 하지만 내가 듣는 나의 목소리는 몸 안에서 울리는 안쪽 소리와 공기를 통해 고막으로 전달되는 바깥쪽 소리가 함께 어우러져 훨씬 좋게 들린다.

다른 사람이 듣는 나의 목소리는 녹음해서 들은 바로 그 소리다. 내가 듣는 내 목소리와 남이 듣는 내 목소리를 같게 만들기 위해서는 신체를 많이 울려야 하기 때문에 에너지가 많이 쓰인다. 좋은 목소리를 다른 사람에게 들려주는 것도 마찬가지다.

내가 생각하는 나의 억양과 다른 사람에게 들리는 억양도 다를 수 있다. 그래서 녹음해서 들어봐야 한다. 나의 억양이 다른 사람에게 어떻게 들리는지 궁금하다면 끝 음의 세기, 끝 음의 높낮이, 끝 음의 길이 3가지만 체크해 보면 된다. 끝 음을 체크하는 이유는 끝 음이 분위기를 만드는 데 가장 큰 영향을 주기 때문이다.

"그래" "알겠어" "그렇게 하자"

"안녕하세요", "반갑습니다"

"안녕", "왔어?", "잘 지냈어?"

녹음한 말에서 끝 음은 '그래'의 '래', '알겠어'의 '어', '그렇게 하자'의 '자', '안녕하세요.'의 '요', '반갑습니다.'의 '다', '안녕'의 '녕', '왔어?'의 '어', '잘 지냈어?'의 '어'이다.

● 끝 음의 세기 확인

우선 끝 음의 세기를 보자. 앞 예문의 끝 음인 '래', '어', '자', '요', '다', '녕', '어', '어'의 세기는 앞의 음절들과 비교하는 것이 좋다.

대부분 다른 사람과 비교하거나 자신이 생각하는 자신의 목소리 볼륨으로 비교하기 때문에 헷갈린다. 자신이 한 번에 녹음한 음성 안에서 끝 음을 앞의 말과 비교했을 때 같거나 비슷하다면 끝 음이 강한 편에 속한다. 이 부분에서 '어라?' '왜?' 하는 사람이 있겠지만 이유는 의외로 간단하다.

시간이 지나면 에너지가 떨어지는 것이 일반적이다. 끝까지 처음과 같은 힘과 에너지를 유지하는 것을 보고 우리는 '힘이 좋다' 혹은 '강하다'라고 말한다. 목소리가 큰 사람은 '에너지가 넘친다' 혹은 '활력이 있다'는 이야기를, 목소리 자체가 작은 사람이라면 '조곤조곤 자기 할 말 다한다', '의외로 똑 부러지게 말한다'는 이야기를 들었을 것이다.

끝 음이 앞의 음과 크기가 같거나 좀 더 크면 듣는 사람에게는 그 부분이 더 크게 들린다. 이런 걸 미는 느낌이라고 하는데 대체로 말하는 사람의 의견을 강하게 내세우거나 주장을 힘 있게 강조하는 느낌 혹은 거부하는 느낌을 준다.

당신과 자주 만나 이야기를 나누는 사람이 말끝마다 자기주장을 강하게 하거나 나를 거부하는 느낌이 든다면 어떻겠는가? 어쩌면 이렇게 말하는 사람이 나 자신일지도 모른다.

● 끝 음의 높낮이 확인

끝 음의 높낮이는 앞서 톤에서 잠깐 언급한 적이 있다. 음의 높낮이는 임팩트를 주기도 하고 사투리처럼 들리기도 한다. 하지만 분위기를 바꾸는 데 확실히 효과적이다. 끝 음을 내리면 안정감을 주는 분위기로 전환할 수 있다. 물론 계속 음이 내려가면 무겁고 어두운 느낌을 줄 수 있지만 무게감은 안정과 신뢰를 동반한다.

끝 음을 올린 예)

안녕하세요 ↗

끝 음을 내린 예)

안녕하세요 ↘

내가 목소리로 안정감을 주는 사람인지 여부를 확인하려면 앞 음절들의 높이와 비교해 보는 것이 좋다. 끝 음을 내려서 안정감을 주고 있는지 잘 모르겠다면 악기의 음을 확인하면서 소리 내는 것도 좋은 방법이다.

보통 많이 쓰는 음은 안녕하세요~~ 이다.

반대로 끝 음이 올라가는 게 편한 사람이라면 가볍게 느껴질 수도 있지만 친근한 느낌을 준다. 처음 만난 사람에게 친근하게 끝 음을 올리며 인사하면 서로 편안하게 교류를 시작할 수 있다.

● 끝 음의 길이 확인

끝 음의 길이를 체크할 때는 음을 짧게 말하는 편인지 길게 하는 편인지 확인하는 것이 좋다. 다른 사람과 비교해서 확인하는 방법과 혼자 체크하는 방법이 있다. 다른 사람과 비교하는 방법은 부드럽게 천천히 말한다고 느껴지는 사람과 대화하면서 말의 속도를 비교해 보는 것이다. 혼자서 확인하고 싶다면 녹음을 통해 스스로의 음을 비교해 보자.

'그래애, 그렇게 하자아, 안녕하세요오'처럼 한다면 보통 길이이고, '그래, 그렇게 하자, 안녕하세요.'라면 짧은 것, '그래애애, 그렇게 하자아아, 안녕하세요오오'하면 긴 것이다.

조금 더 객관적인 확인이 필요하다면 초를 재면 된다. 한 문장을 읽고 전체 음의 길이와 말끝을 한 음 한 음 길이를 체크하며 비교해보면 알 수 있다.

전체 음의 길이는 다른 사람과 비교하는 것보다 스스로 초시계를 재면서 확인하는 것을 더 추천한다. 스톱워치를 꺼내서 "나는지금음의길이를체크하기위해시간을재고있는중이다."를 2번 해보는 것이다. 참고로 띄어쓰기 부분이 없다는 것은 쉼 없이 연속으로 하라는 의미이다.

위 문장을 '미' 음으로 시작했다면 같은 '미' 음으로 쭈욱 이어서 읽는다. 1~8초까지는 음의 길이가 짧은 편, 9~10초는 보통, 10초 이상은 긴 편이다.

다음으로 같은 말을 "나는 지금 음의 길이를 체크하기 위해 시간을 재고 있는 중이다."를 띄어쓰기 부분을 쉬어주며 읽어보라. 스톱워치로 잰 시간이 얼마나 차이가 나는가? 5초를 기준으로 그 이하는 빠른 편에 그 이상은 느린 편에 속한다. 이렇게 초를 잰 후에 끝 음의 길이를 비교해 보는 것이다.

끝 음의 세기와 높낮이, 길이를 통해 말투를 분석해 보았다. 만약 내가 말하는 속도가 빠르고 끝 음이 짧고, 강하다면 냉정하거나 공격적인 느낌을 주게 되고, 여기에 끝 음을 내리면 강압적인 느낌이 된다. 이 상태에서 끝 음을 올리면 쏘아붙이는 느낌이 든다.

원하는 이미지를 위한 말투 연습

말투는 이미지에 많은 영향을 미친다. 끝 음의 세기, 높낮이, 길이에 따라 이미지가 달라지는데, 알아두면 원하는 말투를 연습하는 데 도움이 될 것이다.

구분	세부 구분	이미지
끝 음의 세기	강할 때	강함, 푸시, 거부, 강조
	약할 때	약함, 흐지부지, 부드러움
끝 음의 높낮이	높을 때	가벼움, 활기, 발랄, 친근
	낮을 때	무거움, 어두움, 안전, 안정감, 신뢰
끝 음의 길이	길 때	친절함, 편안함, 친밀함, 주관적
	짧을 때	전문적인, 냉정함, 단절, 객관적

끝 음 처리로 알 수 있는 말투 해석

부드럽고 안정감을 주는 말투나 아나운서처럼 전문적으로 신뢰를 주는 말투를 갖고 싶다면 각각에 맞는 연습법으로 훈련해 보자.

● **부드럽고 안정감을 주는 말투 연습법**

톤은 '미'음으로 시작하는 것이 좋다. 문장 맨 끝은 힘을 빼서 점점 소리를 작게 하고, ↘화살표가 표시된 부분은 한음 낮춘 '레'음을 낸다.

행복한 사람은/(으으은 →) 모두/ 현재를 **산다.**/ (다아아↘)
지나간 과거**에**/ 연연하거**나**/(나아 →) 앞으로**의**/
미래를 걱정하는 동**안**/ (아안 →) 행복**은**/(으으은 →) 사라져 버린
다./ (다아아↘)

● 아나운서처럼 전문적으로 신뢰를 주는 말투 연습법

　'미'음으로 시작해서 ↘화살표 부분은 한음 낮춘 '레'음을 낸다. 부드럽고 안정감을 주는 말투를 연습할 때와는 달리 중간 중간 톤을 낮출 때가 많다. 끝 음의 길이는 짧게 한 음절로 발음하고, 음절에 굵게 표시된 부분은 앞의 음보다 강하게 발음하는 것이 포인트다.

많은 분들이/(이↘) 애용하고 **있는**/(는↘) 홈쇼핑에**서**/(서↘)
제품을 판매하**는**/(는↘) 쇼호스트에 따**라**/(라↘) 매출 차이가
크다**는**/(는↘) 조사 결과**가**/(가↘) 나왔습니**다.**/(다↘)

　끝 음을 내리는 연습을 할 때 주의할 점이 한 가지 있다. 예를 들어 '안녕하세요'를 말할 때 '안,녕,하,세'까지는 같은 음으로 하고 '요'를 낮은 음으로 말해야 한다. 그런데 '요'를 내리는 것에 집중하다가 '세'를 올리는 분들이 많다. '세'의 음이 올라갔으니 '요'를 내려서 말한 것처

럼 느껴지지만 사투리처럼 들릴 수도 있고, 결론적으로 끝 음절인 '요'
내린 것도 아니다. 중요한 것은 '요'라는 마지막 음절을 내리는 것임을
잊어서는 안 된다.

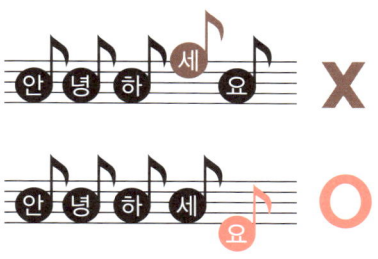

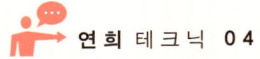 연희 테크닉 04

말의 어미 '요'와 '다' 섞어 쓰기

　말의 시작은 하는 사람 마음대로 출발하지만 끝은 특히 예를 갖춰야 하는 경우 '요'나 '다'로 맺게 된다. 방송할 때 역시 끝맺음은 '다'이거나 '요'다. '요'는 말을 좀 경쾌하고, 부드럽고, 상냥하게 만든다. 반면에 '다'는 다소 딱딱해지는 듯하나 진중함이 느껴진다.

　말의 어미에 대해 이야기하고 싶은 마음이 든 것은 안타까운 두 명의 후배 때문이었다. 얼굴도 예쁘고, 목소리도 예쁜 후배인데, 그 친구의 말은 이쪽 귀로 흘러 들어와 물 흐르듯 저쪽 귀로 흘러 나간다. 무릇 말이란 귀로 들어와 가슴에 머무르거나 머리에 새겨져야 하는데, 그 친구의 말은 머무를 새 없이 흐르기만 했다.

　또 다른 후배도 마찬가지였다. 말이 흐르기만 하고 머무르거나 쌓이질 않으니 말은 하는데 꽂히질 않는다. 달지도 쓰지도 않은 밍밍한 맛이다. 안타까운 마음에 뭐라도 도움이 될까 싶어 방송 모니터를 열심히 해 보았다.

　그 두 친구의 공통점은 말의 어미가 대부분이 '요'로 끝난다는 것이다. '요'는 말을 말랑 말랑 부드럽게 만들어 과하면 말이 공기처럼 가벼워진다. 예를 들어보자.

염색제가 아닙니다. 그냥 트리트먼트도 아닙니다. 헤어에 단백질과 영양을 공급하면서 컬러까지 내 맘대로 손쉽게 바꿔주는 단백질컬러 트리트먼트입니다. 1제 2제 섞을 필요 없고, 샴푸 후 트리트먼트 바르듯이 바르고 헹궈내시기만 하면 됩니다.

이 문장의 어미를 모두 '요'로 바꿔 보자.

염색제가 아니예요. 그냥 트리트먼트도 아니에요. 헤어에 단백질과 영양을 공급하면서 컬러까지 내 맘대로 손쉽게 바꿔주는 단백질 컬러 트리트먼트거든요. 1제 2제 섞으실 필요 없고요. 샴푸 후 트리트먼트 바르듯이 바르고 헹궈내기만 하면 되세요.

이번에는 '다'와 '요'를 섞어보자.

염색제가 아닙니다. 그냥 트리트먼트도 아니죠. 헤어에 단백질과 영양을 공급하면서, 컬러는 내 맘대로 손쉽게 바꿔주는 단백질 컬러 트리트먼트입니다. 1제 2제 섞을 필요 없고요. 샴푸 후 트리트먼트 바르듯이 바르고 헹궈내기만 하면 됩니다.

같은 말 맺음이라 해도 '요'는 말을 부드럽게 맺게 해 뒤의 문장까지 자연스레 흐르게 한다. 그래서 듣는 사람도 계속 흐르게 둔다. 반면

'다'는 명료하게 말을 맺는다. 듣는 이도 잠깐 멎는다. 그렇게 멎다가 가슴이나 머리에 맺히기도 한다. 평소 대화야 그렇다지만, 뭔가를 어필해야 하는 말이라면 요가 너무 과하면 좋지 않다. '요'와 '다'를 적절히 섞어 사용하기를 바란다.

말의 타이밍은 중요하다

　말에도 타이밍이 있다. 말의 타이밍은 '언제 말할 것인가?'와 '어떤 순서로 말할 것인가?'로 나눈다. '언제 말할 것인가?'와는 다르게 '어떤 순서로 말할 것인가?'는 생소할 수 있다. 하지만 말을 잘하는 사람이나 말을 하는 업을 가진 사람들, 일명 말의 고수들은 어떤 순서로 말할 것인가를 중요하게 생각한다.
　두 가지 말의 타이밍 훈련은 감정을 바꾸고 그 감정은 관계와 연결되기 때문에 관계에 변화를 주고 싶어 하는 분들과 많이 하는 훈련이다.

언제 말할 것인가?

'언제 말한 것인가?'의 1단계 훈련은 '먼저하기'와 '바로하기'이고, 2단계는 '이어하기'다. 이것은 특히 긍정적인 반응과 말하기에서 더 유용하게 쓰인다.

성취를 중요하게 생각하는 중견기업의 부장님이 함께 일하는 직원들과 좀 더 부드러운 분위기를 만들고 싶다며 찾아오셨다. 그분을 위해 크게 2가지 미션을 드렸는데 첫 번째 미션인 칭찬하기는 시작부터 난관이었다. 부장님은 "일단 어떻게 칭찬해야 할지 모르겠고, 언제 칭찬의 말을 해야 할지 감이 안 온다."며 어려움을 호소했다.

그래서 '보이는 부분을 먼저 칭찬하세요.'라는 솔루션을 드렸다. 외적인 부분인 헤어스타일, 컬러, 의상, 액세서리 등 보이는 모든 부분은 가장 쉽게 발견하고 칭찬할 수 있는 칭찬의 기본 중에 기본이다. 이 외모에 대한 칭찬을 직원들을 보자마자 하는 것이다.

칭찬의 타이밍을 잘 모를 때는 보자마자, 만나자마자 하는 것이 좋다. 타이밍을 잘 모르겠다면 그냥 먼저 해라. 상대방과 대화를 하고 있다가 생각났다면 말이 끝나고 하는 것이 좋다. 마치 이제야 생각난 것처럼 "아! 근데 ○○씨 오늘 분위기 있다!", "오늘 뭐 좋은 일 있어? 기분 좋아 보이네~."라고 말하는 것이다.

칭찬이 어려운 사람들을 위한 솔루션

1. 소재 찾기→ 보이는 부분을 칭찬한다

머리부터 헤어 → "헤어스타일 바꿨네.", "머리색이 정말 잘 어울린다.", "단발머리가 이렇게 잘 어울리기 힘든데", "머리 어디서 했어?", "머리 묶으니까 시원해 보인다." 등등~

헤어뿐만 아니라 화장, 혈색, 의상, 스타일, 그날 코디, 액세서리, 가방, 신발 등 보이는 모든 것을 말한다.

2. 마무리 하지 않아도 된다

특히 자주 하는 실수는 "좋다"라는 말을 붙이는 것이다. 이 말은 오해의 여지가 많다. 굳이 "좋다."라는 말을 붙이지 않아도 관심을 가지고 말한 것으로 충분하다.

1단계인 먼저하기와 바로하기를 자연스럽게 하게 되었다면 2단계인 이어하기를 시도할 때다. 칭찬할 때 좀 더 좋은 타이밍은 상대방이 말하고 있을 때 그 주제와 이어서 말하는 것이다. 다시 부장님의 상황으로 보면 직원들에게 말하기가 어색해서 청소하는 아주머니들에게 칭찬 연습을 하고 있다면서 만날 때마다 칭찬을 하셨다.

어느 날 청소 아주머니께서 "많이 좋아지셨네요. 참 보기 좋아요."라고 말했는데 "감사합니다."라고 했다며 더 좋은 반응이 뭐냐고 물었다. 나였다면 어떻게 말하겠는가? 잠시 상황을 생각해 보자.

정답은 없다. 하지만 더 기분 좋은 말과 말의 순서는 있다. "많이 좋아지셨네요. 참 보기 좋아요."라는 말에 "감사합니다. 이모님(청소 아주머니 호칭) 덕분입니다."라는 말도 좋다. 더 나아가서 "저는 이렇게 어려운데 이모님은 어쩜 그렇게 친절하게 말씀하세요?"라거나 "이모님이 응원해주셔서 더 열심히 했어요. 감사합니다." 등 답하는 상황을 긍정적인 말, 칭찬의 말로 이어주는 것이 좋다.

칭찬	구분	칭찬에 대한 대답	표정
"많이 좋아지셨네요. 참 보기 좋아요."	좋은 예	"감사합니다. 이모님(청소 아주머니 호칭) 덕분입니다." "이모님이 응원해 주셔서 더 열심히 했어요. 감사합니다."	웃는 얼굴
	보통	"감사합니다."	무표정
	나쁜 예	"……." 혹은 "네"	무표정 or 찡그린 표정

어떤 순서로 말할 것인가?

'어떤 순서로 말할 것인가?'는 곤란한 말을 할 때 특히 지적이나 지시를 해야 하는 상황에서 더 유용하게 활용할 수 있다. 부장님의 두 번째 미션은 기분 상하지 않게 지시 혹은 지적하기였다. 직책이 높아지면서 지시하거나 검토해야 하는 일이 많고 그때마다 직원들도 부장님 본인도 찝찝한 기분이었기 때문이다. 우리의 부장님은 첫 미션과는 달리 자신 있게 도전했고 좋은 성과가 있었다.

이 미션의 솔루션은 말하는 순서를 바꾸는 것이다. 원래 하려던 말의 순서를 바꾸어 말하는 것이다. 예를 들어보자. 프로젝트를 진행하고 있다. ○○씨가 가지고 온 제안서는 A와 B는 좋았지만 C와 D는 반드시 고쳐야 하는 상황이다. 이렇게 내용을 수정해야 하는 상황을 지적해 줘야 할 때 어떻게 말하겠는가? 부장님은 이렇게 말했다.

"잘했네…… 잘했는데…… C, D는 이렇게 고쳐야 한다."

얼핏 보면 문제가 없어 보일 수도 있다. 다음과 같이 바꿔 말해보자.

"○○씨 고생했어요. C와 D는 ○○으로 수정이 필요하지만 특히, A의 이 부분과 B의 이런 아이디어가 좋네요."

어떤 말이 더 듣기 좋은가? 말의 순서는 분위기를 부드럽게 하면서도 원하는 일을 더 잘해낼 수 있게 한다.

사람들과의 관계에서 좋은 말만 하고 살 수는 없다. 좋지 않은 이야기를 할 때는 어떻게 해야 할까? 긍정과 부정의 이야기를 탑을 쌓듯 쌓아 올리는 데 이것 역시 순서가 중요하다. 샌드위치나 햄버거를 만드는 것처럼 좋은 이야기로 시작해서 안 좋은 이야기로 인식할 수 있는 원래 하려던 말을 하고 다시 좋은 말로 마무리 하는 것이다. 긍정 부정 긍정 순으로 오는 '긍부긍 기법'이다.

부장님과 연습했던 두 번째 미션도 긍정 부정 긍정의 긍부긍 기법이다.

"○○씨, 고생했어요"는 상대방의 노력을 알아주는 긍정의 말이다.

'C와 D는 ○○으로 수정이 필요하지만'은 부정적으로 들릴 수 있지만 꼭 해야 하는 말이다. '특히, A의 이 부분과 B의 이런 아이디어가 좋네요.' 다시 긍정으로 마무리 했다. 다만 아무리 긍부긍 기법이라도 부정적인 말이 압도적으로 많으면 부정적인 말이 되니 조심해야 한다.

말의 타이밍 언제 말할까와 어떤 순서로 말할까를 알게 되면 언제 만나도 기분 좋은 관계를 만들 수 있다.

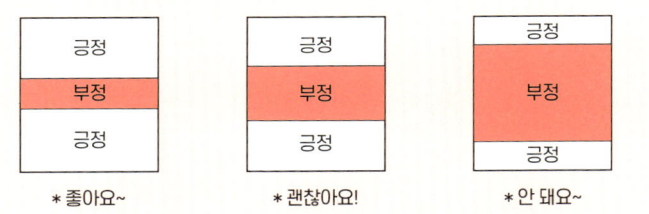

Thanks TO · 1

    글은 말보다 어려웠습니다. 책을 쓰기로 맘먹고 포기하고 또 다시 맘먹고 그만두기를 몇 해. 그러다 어영부영 방송에 입문해 말로 먹고 산지 30년이 되었습니다. 더는 늦춰선 안 되겠다는 생각에 잔머리를 굴려 아주 성실한 나의 제자(?)이자 후배인 명신이를 꼬셨습니다. 매주 주말마다 만나 어떤 주제로 글을 쓸 것인지 함께 논의하고 얘기하면서 여기까지 올 수 있었습니다. 명신이가 없었다면 책을 쓸 엄두도 못 냈을 것입니다.

    말을 아주 맛깔나게 하셨던 나의 어머니, 작가가 꿈이었다고 80이 넘어 고백하신 나의 아버지에게도 고마움을 전합니다. 부모님이 물려주신 재능이 없었다면 이 책을 끝까지 쓰지 못했을 지도 모르겠습니다.

    내 글을 제일 먼저 읽고 평가해준 그에게도 감사를 전합니다. 그가 없었다면 내 글은 더 부끄러운 수준이었을 것입니다. 그리고 나와 인연을 맺고 언제나 한결 같은 모습으로 내 곁에 있어주는 소중한 사람들에게도 감사와 사랑을 전합니다. 그들이 없었다면 나의 말은 이렇게 책이 될 수 없었을 것입니다. 마지막으로 오늘도 나를 존재케 하신 그 크신 분께 무한 영광 올립니다.

강연희

Thanks TO · 2

    이 책을 만드는 데 함께 고생하신 분들이 많습니다. 한 분 한 분 찾아뵙지 못하지만 이렇게 감사의 마음을 전합니다. 먼저 책을 제안해 주신 저의 멘토이자 함께 고생한 사랑하는 연희언니에게 감사의 마음 전합니다. 함께 하면서 행복했고, 존경과 사랑의 마음이 더 커졌습니다.

    우리 티엔티 스피치&보이스 아카데미 일꾼들 정말 고마워요~ 특히, 가장 많이 읽어보고 고생한 이보현 실장님 정말 고맙습니다. 회식합시다. 항상 응원해준 나의 힐링 송라테 언니와 형부 감사합니다. 사람을 대하는 자세와 마음에 대한 생각을 다시 하게 해주신 김금미 교수님, 항상 선한 본이 되어주는 강영재 대표님, 함께 공부하고 고민하는 선생님들과 김연국 선생님 외 저를 응원해주는 제자들 모두에게 감사의 마음 전합니다.

    사랑하는 가족, 언제나 믿어주는 아버지, 아름다운 여왕마마 어머니, 언니의 팬이 되어주는 동생, 사랑하는 공주 하나뿐인 조카 모두 사랑하고 감사합니다.

    마지막으로 매주 책 회의 때마다 운전해주고 기다려 주고, 곁에서 조언도 응원도 가장 열심히 해준 사랑하는 사람에게 감사 인사 전합니다. 이 책을 쓰는 동안 어려움도 있었지만 많이 행복한 시간이었습니다.

이명신